JN493498

개정판

# 비판적 사고와 논리

최려원 김은철 공저

CRITICAL THINKING & LOGIC

양성원

**불법복사는 지적 재산을 훔치는 범죄행위입니다.**

저작권법 제136조(권리의 침해죄)에 따라 위반자는 5년 이하의 징역 또는 5천만 원 이하의 벌금에 처하거나 이를 병과할 수 있습니다.

# 들어가는 말

4년이 흘렀다. 첫 집필 때의 열정은 '학생들에게 어떻게 하면 글이란 도구를 사용하여 자기의 비판적 사고를 논리적으로 표현하게 할 수 있을까?'였다. 그리고 이에 따른 '글쓰기의 성취감'을 느끼게 하는 것이 목적이었다. 이제 시간이 흐르고, 지금의 열정은 '논리적인 글을 쓸 때, 어떻게 하면 학생들이 이성 위에 감성을 올려 상대방의 심금을 울리게 할 수 있을까?"이다.

글은 문학적인 글, 비평문, 힘을 가지는 설득력 있는 글, 이해를 돕는 설명문 등 여러 갈래가 있다. 여러분은 이번 학기에 위에서 언급한 글쓰기의 목적에 따라, 글의 양식 중 자신이 주장하는 바를 논리적으로 증명하고 반박해 나가며, 빈틈없는 추진력과 끈기를 필요로 하는 논증적 글쓰기를 배울 것이다. 그리고 그 논증적인 글 위에 감성을 얹는 멋진 기법을 덤으로 숙지하게 될 것이다.

물론 이러한 글쓰기는 쉽지 않다. 논증적인 글은 비판적 사고를 그 근원으로 한다. 비판적 사고는 무언가를 다르게 볼 줄 아는 창의적 시각에서 나온다. 그런데 이 창의적 시각은 부단한 노력을 필요로 한다.

따라서 여러분은 강의 시간에 그룹원들과 현안에 관한 비판적 사고를 나누고, 그것을 토대로 논증적인 글을 쓰고, 그 논증적인 글을 발표하고 난 뒤, 다른 그룹의 반론에 직면하여 위기를 겪고, 그러한 가운데 자신의 주장이 옳음을 끈기 있게 반박하는 일련의 과정을 연습할 것이다. 물론 자신의 비판적 사고가 바탕이 된 논증적 글이 설득력이 없거나 창의적이지 않음을 깨달았을 때, 상대방의 비판에 흔쾌히 박수를 보내고 응원하는 지적인 세련함도 역시 배우게 될 것이다.

그리고 2부 '논리'는 철학에서 기법을 빌려 온 것으로, 자신과 타인의 논증적인 글에서 논리의 오류를 발견하고, 스스로 오류에 빠지지 않는 글쓰기 기법을 습득하는 것이다. 물론 오류에서 빠져나오는 절묘한 방법 또한 훈련하게 될 것이다.

이번 교재는 개정판이기보다는 더욱 세밀하게 맞춤법과 문장의 쓰임, 그리고 현안을 다루기 위해 약간의 수정을 했다. 현안은 시대에 따라 변한다. 그러나 여전히 변하지 않는 많은 근원적인 문제들도 많다. 이러한 것들은 여러분의 신선한 지식과 지성을 요구한다.

부디 이번 학기에는 여러분이 자신에게 내재한 비판적 사고를 더욱 연마하고, 거기에 상대방에 대한 배려를 더 하여 스스로 오류에 빠지지 않는 논리적인 비판적 사고의 글쓰기에 심취해 보길 바란다.

2025년 8월

# 차 례

## 2부 논리

## 3부 적용

# 1부

# 비판적 사고

# 1부 비판적 사고

## 1. 비판이란 무엇인가?

### 1) 비판의 정의

비판이란 현상이나 사물의 옳고 그름을 판단하여 밝히거나 잘못된 점을 지적하는 것을 말한다. 이는 능동적이며 적극적 사고작용으로 어떤 제시된 사안을 그대로 받아들이는 것이 아니라 의문을 가져 보는 것이다. 물론 그 대상은 비판할 필요성을 지닌 것이어야 한다. 그러면 어떤 사안(事案)에 대해 우리는 비판을 할 수 있을까?

### 2) 비판의 대상

첫째, 비판하려는 대상이 달리 논할, 이론(異論)의 여지가 있어야 한다. 그리고 그 이론의 여지에 대해 다른 이들도 공감할 수 있어야 한다(보편성의 원리). 둘째, 비판하려는 대상이나 사안이 자신의 견지에서도 옳지 않다는 분명한 이론적(理論的)인 확실성이 있어야 한다(이론의 확실성). 셋째, 비판하려는 대상에 대해 반박하고자 하는 자신의 분명한 의지와 주장이 있어야 한다(주장의 견고성). 넷째, 비판하려는 대상에 대해 반박할 수 있는 자료가 자신에게 충분히 갖추어져 있어야 한다(자료의 풍부성).

적어도 이와 같은 몇 가지가 갖추어졌을 때, 우리는 어떤 사안이나 대상에 대해 비판할 수 있는 것이다. 그리고 자신이 무언가를 비판하여 비평문을 쓰고자 할 경우에는 다음과 같은 기준을 갖추어야 한다.

### 3) 비평문의 평가 기준

비평이란 사물의 가치나 수준 따위를 평가하거나, 또는 그 가치나 수준을 말한다. 이는 비판이라는 의미와 동의어로 쓰이며, 비평의 부정적인 의미인 '남의 잘못을 드러내어 이러쿵저러쿵 좋지 아니하게 말하여 퍼뜨린다'라는 의미와는 전적으로 다르다. 일반적으로 행위에 대해서는 비판이라고 하며, 글에 대해서는 비평이라고 한다.

비판적 사고의 글쓰기, 즉 비평문을 쓸 때는 적어도 다음과 같은 기준은 지녀야 한다.

(1) 객관성을 유지해야 한다.

글을 쓸 때는 자신의 글이 편협하게 자신이 알고 있거나 선호하는 관점에 대해서만 글을 쓰는 것이 아닌가 살펴볼 필요가 있다. 이때는 다른 이들의 도움이 필요하다. 자신의 글을 자신이 비평한다는 것은 대체로 불가능하다.

(2) 공정해야 한다.

비평문을 쓸 때, 자신의 주장이 옳다는 것을 입증하기 위해서 다른 이들의 예를 가져오거나 견해를 인용할 경우가 있다. 이럴 경우, 한 학설에만 치우치지 말고,

반대 의견도 충분히 숙지해서 받아들여야 한다.

가령, '동물실험'에 대한 비평문을 쓴다고 하자. 이때 찬성과 반대의 의견 모두 살펴보고 나서 글을 쓴다면 자신의 논지를 보다 보완할 수도 있고, 새로운 제안을 할 수도 있다.

(3) 논증을 해야 한다.

비평문은 논리적인 글이기 때문에 논증을 해야 하고, 논증을 하기 위해 논지를 전개하고 논거를 제시해야 하며, 그것으로써 자신의 옳다는 것을 상대방에게 설득시켜야 한다.

(4) 여러 측면을 고려해야 한다.

어떤 대상에 대해 비평문을 쓰려면 여러 측면에서 자세히 살펴보고 써야 한다. 그리고 비평할 대상에 대한 자신의 반론도 여러 측면에서 준비해야 한다.

(5) 비평하려는 대상에 대해 잘 알아야 한다.

이건 아마 가장 기본적인 자세이며 예의가 아닐까 한다. 비평문을 쓰려면 비평하려는 대상에 대해 숙지하고 있어야 한다. 직감으로 그렇다느니, 혹은 그런 감이 든다던지 하는 것은 경솔하고, 성의가 없으며, 학문을 하는 자세가 아니다.

(6) 비평문을 쓰려면 비평의 대상에 대해 전문성을 가져야 한다. 그리고 자신의 주장이 옳다는 것을 입증하기 위해 전문가의 견해를 인용할 경우도 있다. 이럴 경우, 그 전문가의 글은 신뢰할 만한지, 그 전문가의 글의 출처 또한 신뢰할 만한가를 따져 보아야 한다.

요즘 이슈화되고 있는 사안들을 살펴보자.

① 탐욕과 오만의 동물실험(레이 그릭, 진 스윙글 그릭 지음/김익현, 안기홍 옮김)
② 러시아의 우크라이나 침공
③ 가자지구
④ 열성유전에 고통받는 AI
⑤ 개인의 가치는 각각 다르다.
⑥ 경험의 멸종(크리스틴 로젠 지음/이영래 옮김)
⑦ 공정하다는 착각(마이클 샐델)
⑧ 기울어진 평등(마이클 샐델)

이렇게 이슈화되고 있는 문제에 대해 누군가가 자신의 주장을 내세웠다고 하자, 그런데 그 주장에 대해 옳지 않다고 생각하면 증명해서 반박하고, 자신의 주장이 옳다는 것을 논리적으로 증명해야 한다. 논리적으로 증명한다는 것은 논증을 한다는 것이며, 이유나 근거를 대어 자신의 주장이 옳음을 입증하는 것이다.

### 4) 비평문의 중요성

오늘날 비평문의 영역은 문화, 예술, 정치, 경제, 사회 등 그 범위가 너무 넓어 글의 성격도 몇 가지로 묶을 수 없을 만큼 다양하다. 과거에는 비평문이 전문가 사이에서만 생산되고 수용되는 지적인 글의 유형으로 여겨졌지만, 오늘날에는 지식의 폭발적 증대와 읽고 쓰는 활동의 다양화로 비평의 범위가 넓어져, 이제 일상적인 글의 유형으로 자리를 잡게 되었다.

다양한 콘텐츠들이 대량 생산되고 있는 요즘에는 콘텐츠의 선후, 우열을 가리는 데 많은 문제점이 발생한다. 지금은 사상, 아이디어, 감정까지도 선별해야 하는 시대로서 전문가에 의한 대상의 비판과 평가 및 판단이 더욱 중요시되고 있다. 이러한 결과로 비평을 통해서 기존에는 그냥 지나쳤던 작품이 다시 조명받기도 한다. 문학이나 영화의 경우만 보아도 평론가에 의해 발견된 작품이 주목받는 예도 있다. 심지어 재조명된 작품으로 인해 예술인이 개인 브랜드로 다시 떠오르는 예도 있다. 이럴 경우, 비평은 대상에 대해 재평가하는 일이기도 하다.

출처: 최려원 외(2020).

## 5) 비평문 쓰는 방법

비평문을 쓸 때는 감상문이 되지 않도록 주의해야 한다. 비평문과 감상문은 어떤 작품에 대한 필자의 생각을 나타낸다는 점에서는 비슷할 수 있지만, 목적은 다르다. 비평문은 대상 자체를 분석하고 그 타당성이나 의미를 논함으로써 다른 사람을 설득하려는 목적을 가진다. 따라서 비평문은 대상의 내용과 관련된 화제, 근거, 반응 등이 핵심적 구성요소이다. 반면에 감상문은 주로 대상에 대한 글쓴이의 정서적 반응을 나타내는 것으로 자기표현의 목적을 가진다. 따라서 감상문은 감상하게 된 동기, 내용 요약, 내용에 대한 느낌 등으로 구성된다.

비평문을 작성하기 위해서는 다음 네 가지 방법을 고려해야 한다.

첫째, 비평하려는 대상이 무엇인지 분석해야 한다. 비평 대상은 문학, 영화, 연극, 음악 등 다양하며 각 대상의 특성을 분석하여 일관성 있는 주장을 펼쳐 나가야 한다.

둘째, 글쓴이의 입장을 분명하게 해야 한다. 비평문에서 주장하고자 하는 의견이나 관점이 무엇인지가 명료하게 설정되어야 한다.

셋째, 글쓴이의 입장을 뒷받침할 타당한 논거를 제시해야 한다. 아무리 자신의 주장을 명확히 나타냈다고 하더라도 이를 뒷받침하는 타당한 논거가 없으면 독자들을 설득하지 못한다.

넷째, 설득력 있는 표현 전략으로 글을 써야 한다. 한 번 부정한 것을 다시 부정하여 긍정을 나타내는 '이중 부정', 누구나 다 알 수 있는 사실을 물음의 형식을 활용하여 상대방이 스스로 결론을 내리도록 하는 '설의법', 참신하고 구체적으로 나타내는 '비유' 등 다양한 표현 전략을 활용하여 글의 설득력을 높일 수 있다.

출처: 최려원 외(2020).

### 6) 비평과 설명 그리고 설득의 차이점

설명(說明)이란 어떤 일이나 대상의 내용을 상대편이 잘 알 수 있도록 밝혀 말하거나, 또는 그런 말을 가리킨다. 그리고 비평(批評)이란 사물의 옳고 그름, 아름다움과 추함 따위를 분석하여 가치를 논하는 것을 의미한다.

뚜렷한 차이는 설명이란 이미 있는 사실을 얘기하는 것이고, 비평이란 어떤 대상에 대해서 기존 주장에 반해서 다른 주장을 하는 것이다. 이때 논자는 자신의 주장에 대해 이유와 근거를 대는 논증을 사용한다.

그리고 설득은 마음을 움직여 상대방으로 하여금 마음을 고쳐먹게 하거나, 자신의 말에 따르게 하며, 상대방이 어떤 행위를 하게 하는 것이다.

**활동**

다음의 글들이 설명인지 논증적인 글인지 구별해 보자.

〈예1〉

### 체르노빌 대참사에서 승리한 전투원

……

1986년 4월 26일 새벽 1시 23분(현지 시각), 구소련 우크라이나 체르노빌시에서 18킬로미터 떨어진 곳에 있는 블라디미르 일리치 레닌 원자력발전소의 원자로 4호기가 폭발했다.

……

체르노빌 원자력발전소 폭발사고는 역대 최초로 최고 등급(국제 원자력 기구가 설정한 '국제원자력 사고등급 INES'과 국내 '원자력안전법'의 사건 정의에는 0~7단계까지 기재되어 있음)인 7단계로 분류된 원자력 대참사였다. 두 번째로 등급을 받은 사고는 2011년 3월 11일 후쿠시마 원자력발전소 사고였다. 체르노빌 대재앙으로 확인된 직접적인 피해자는 57명에 그치지만, 피폭 병증에 시달리는 사람은 수만 명에 달하는 것으로 추정된다. 유엔 공식 보고서는 3만~6만 명으로 추정한 반면, 그린피스가 추정한 숫자는 600만 명 이상으로 정확히 추산하기조차 힘들다. 사고가 발생하자 체르노빌시 전체와 발전소 주변 광범위한 지역에 걸쳐 거주민들이 전부 대피했고, 이에 따라 지역 주민 중 35만 명 이상이 '강제 이주'해야만 했다. 발전소 주변 지역 반경 30킬로미터 소위 '체르노빌 출입 통제 구역'으로 지정된 '거주 금지 지구'는 수십 년 동안 출입이 완전히 통제되고 있다.

체르노빌 대재앙의 결과는 말 그대로 황폐함 그 자체였다. 재난이 발생한 지 30년도 훨씬 지난 오늘날까지도 무슨 일이 있었는지, 모든 것을 제자리로 돌리는 데 얼마나 더 기다려야 하는지에 대해 뜬구름만 잡을 뿐이다.

식물도 폭발 이후 며칠 동안 방사능 낙진을 겪었는데, 그 결과 또한 치명적이었다. 폭발로 인해 누출된 방사성 동위원소의 60~70퍼센트가 폭발 몇 주 안에 발전소 주변 숲의 식물들에 침전한 것으로 추정된다. 체르노빌 출입 통제 구역에 속하면서 야생 소나무가 주를 이루는 숲속에서 대부분 소나무가 높은 수준의 누출 방사능을 흡수해 죽으면서 연한 적갈색으로 변했다. '붉은 숲'이란 말이 바로 여기서 나왔다. 2011년 후쿠시마 원전 사고에 관련된 방사능 낙진에서도 체르노빌과 같은 현상이 일어났다.

방사선 수치가 최고조일 때, 1차로 노출되어 벌어진 극적인 상황이 막을 내리자, 식물들은 생명체와는 분명 조화를 이루지 못한 것 같은 이러한 상황에서 방사능에 적응하고 생존하는 방법을 찾았다.

체르노빌 출입 통제 구역에서 일어난 일은 믿기지 않을 정도다. 아무것도 살 수 없을 것으로 여겨졌던 이 공간은 오늘날 구소련에서 가장 다양한 생물 서식지 중 하나가 되었다. 인간이 방사능보다 훨씬 더 해로운 존재였던가! 이 지역에서의 인간 활동 제한이 사실상 거대한 자연보호 구역을 만든 셈이 되었으니 말이다. 방사능에도 불구하고, 동식물은 과거보다 개체수가 증가하고 품종도 훨씬 다양해졌다. 오늘날 제한 구역에서 살쾡이, 라쿤, 노루, 늑대, 프셰발스키 말, 여러 종의 새, 무스, 붉은 여우, 오소리, 족제비, 토끼, 다람쥐뿐만 아니라 1세기가 넘도록 멸종되었던 큰곰까지 찾아볼 수 있다.

그렇다면 식물은? 식물은 확실히 동물보다 훨씬 더 잘 해냈다. 출입 통제 구역에 속하는 프리피야트(Pripyat)는 폭발한 원자로에서 3킬로미터 떨어진 도시였다. 인구 약 5만 명의 그 도시민 대다수가 원자력발전소에서 근무하는 노동자였다. 그들은 사고 직후 영구 피난했다. 나는 그 도시의 현 상태를 아주 자세한 르포르타주 방식으로 담아낸 사진들을 접할 기회가 있었다. 사진은 내 눈을 의심할 만큼 믿기 어려웠다. 건물 지붕 위로 포플러, 테라스에 보이는 자작나무, 뻗어 나오는 덤불의 힘을 못 이겨 갈라진 아스팔트, '그린리버'로 변한 넓디넓은 6차선 대로…. 대참사를 겪은 후 30년이 흐른 프리피야트는 식물들로 뒤덮여 있었다.

체르노빌 대참사를 대하는 식물의 반응은 예상 밖이어서 전문가조차 놀랄 정도였다. 안타깝게도 그 현상에 대한 대중의 관심이 높지 않아 진지한 과학적 연구가 이루어진 적은 없다. 2009년 마틴 하두치(Martin Hajduch) 교수가 이끄는 슬로바키아 과학원 연구팀 Slovak Academy of Sciences 이 실험을 위해 프리피야트시까지 갔고, 그 결과 많은 토론이 이루어졌다. 연구팀은 프리피야트시에 일정량의 콩을 심은 다음, 오염 지역에서 100킬로미터 이상 떨어진 지역의 동일 재배식물군과 비교하기 시작했다. 그 결과 프리피야트시의 콩이 상대적으로 물을 적게 소비하면서도 훨씬 더 잘 자랐다. 뒤이은 연구 발표에 따르면 방사능 오염 지역에서 자라는 콩의 경우 정상 개체에 비해 중금속을 결합함으로써 식물을 보호하는 단백질인 시스테인 합성효소와 방사능에 노출될 때 염색체 이상을 줄이는 성분인 베타민 알데히드 탈수효소를 더 많이 지닌 것으로 드러났다.

방사능 오염 지역이 아닌 다른 장소에서는 성장률 비교가 어렵다는 지역 설정의 한계에 대해서는 비판의 여지가 있지만, 식물이 역사적으로 역경에 맞서는 특별한 저항력을 개발해 왔다는 사실에는 의심의 여지가 없다.

식물의 가장 놀라운 능력 중 하나는 방사성 핵종을 흡수하여 환경에서 오염을 제거하는 능력으로 알려져 있다. 많은 식물이 이 불가능한 위업을 달성해 왔다. 이로 인해 식물환경정화라는 기술을 통해 이러한 오염물질을 제거하자는 안이 종종 제기되었다. 오염물질 제거 속도는 더딜지라도, 이 기술은 방사성 핵종에 의해 오염된 토지에서 오염을 제거할 수 있는 유일한 가능성이다. 이 밖에 오염된 토양을 옮기는 방법이 있는데, 권장할 만한 방법은 아니다. 토양을 옮길 때 먼지가 발생하여 대기 중으로 퍼져나가면 2차 오염이 생길 위험이 있어서다. 따라서 흡수되는 방사성 물질의 양은 기후, 지형, 토양의 구성물에 따라 크게 달라질 수 있다.

시간이 지남에 따라 식물은 방사성 물질을 흡수하여 체내에 모으면서 환경에서 그 오염물질을 제거해 간다. 이것은 체르노빌의 출입 통제 구역에서도 일어나고 있다. 물론 여기서 매우 중대한 문제가 제기된다. 만약 그 숲에서 화재가 발생한다면 어떤 일이 벌어질까? 지난 30년 동안 식물에 축적된 방사성 물질들이 화재 즉시 대기 중으로 방출될 것이고 이는 매우 심각한 결과를 초래할 것이다. 이것이 바로 우크라이나 정부가 출입 통제 구역에서 화재 예방을 최우선 과제로 삼는 이유 중 하나다.

출처: Mancuso(2020 : 31~37).

앞의 글은 체르노빌 대참사에서 살아남은 식물들의 연구 결과를 설명한 것으로, 어떻게 식물이 이 오염 지역에서 살아남는가를 설명하고 있다. 학자 스테파노 만쿠소(Stefano Mancuso)는 이를 설명하기 위하여 많은 자료를 모으고, 그 조사자료를 기반으로 체계적으로 설명하고 있다. 이 글은 과학자들의 조사와 관찰을 통한 이론을 기반으로 체르노빌에서 살아남는 식물들의 적응 능력을 설명한 설명문이다.

## 〈예2〉

어린 시절의 많은 박탈 경험이나 방임 경험을 가진 젊은 성인들은 대개의 경우 극단적으로 일방적으로 이기적이다. 이러한 자기 중심성은 자신들의 충족되지 않은 어린 시절의 욕구들을 채우려는 노력에서 비롯되는 계속된 시도이고, 한편 다른 사람들에 대해 보이는 공격성은 그들이 다른 사람들과의 관계에서 늘 예상하고 받게 되는 수치감으로부터 스스로를 보호하려는 시도이다.

내가 경험한 많은 환자 중 가장 일반적인 자기기만(Self-deception)의 성향을 보이는 사례를 소개하고자 한다. 미혼의 남성(Gary)이었는데, 그는 자신이 옳다고 생각하고 다른 사람들에 대해 적개심에 가득 차 있으면서, 스스로는 괜찮은 남자라고 생각했다. 이러한 젊은 남성들은 상처받은 자신들이 얼마나 강력한지 전혀 깨닫지 못하고 있다.

......(중략)

...그는 학부를 졸업하는 데 6년이 걸렸다. 이는 그가 다니는 대학 당국을 그는 상징적인 가족이라고 여기고, 자신의 충족되지 못한 욕구들을 학교 내에서 충족시키기 위해 여러 가지 방식으로 학교를 개혁하고 고치려는 시도를 긴 시간에 걸쳐야 했기 때문이다.

이러한 개혁가로서의 그의 학창 시절은 자신의 수강 변경으로 학장실에 불려갔을 때 시작되었다.

......(중략)

그는 결국, 전혀 다른 이유로 그 학교를 고소하고 싶어 했던 지역의 한 변호사를 만나게 되었고, 그 변호사는 소송비용의 절감을 위해 Gary에게 협조하기로 동의했다. Gary는 학교 당국이 오랜 시간에 걸쳐 확립해 온 여러 정책과 절차들에 대해 도전하고 비판하는 일에 자신의 대부분 시간을 사용했고, 이러한 자신의 사명에 대해 매우 고취되어 변호사와 함께 이런 일을 하는 데 집중되어서 학업을 소홀히 하였다.

......(중략)

그는 갑자기 자신이 그만큼이나 중요한 존재가 되었다는 사실에 매우 흥분해서 그의 야심은 더욱 거대해졌고, 왜곡되었다. 급기야 그는 자신이 새롭게 얻게 된 그 지위(유명세)를 유지하려는 방법으로써 지역 정치에까지 눈을 돌리게 되었다.

졸업 후, 1년 후에 치료를 받기 위해 나에게 왔던 이유는 졸업과 함께 그의 상처받은 자기의 적개심의 대상이었던 학교 당국이 더 이상 존재하지 않게 되었고 그러자 그의 정치적 발판 역시 사라지게 되었기 때문이었다. 그가 첫 회기에서 대화를 시작했던 말이 "내가 학교를 떠난 그 순간 내 인생의 모든 의미가 한꺼번에 사라져 버렸어요."였다.

> 그가 학교 당국을 대상으로 했던 그 모든 일은 그가 어린 시절 그의 부모에게 하고 싶었던 일들의 재창조였다. 그러나 한 가지 다른 점은 이번 일의 경우 그의 어린 시절에서는 결코 경험하지 못했던 일정한 지위와 자신의 중요성이 잠시나마 인정받았다는 점이었다.

출처: David(2011).

앞의 글은 지은이가 자신의 연구 결과를 알리고 있다. 즉, "어린 시절의 많은 박탈 경험이나 방임 경험을 가진 젊은 성인들은 대개 경우 극단적으로 일방적으로 이기적이다."라는 자신의 주장과 그에 대한 이유로, "자신들의 충족되지 않은 어린 시절의 욕구들을 채우려는 노력에서 비롯되는 계속된 시도이고, 한편 다른 사람들에 대해 보이는 공격성은 그들이 다른 사람들과의 관계에서 늘 예상하고 받게 되는 수치감으로부터 스스로를 보호하려는 시도이다."를 제시하고 있으며, 사례로 한 '미혼의 남성'을 들고 있다. 따라서 이 글은 논증적인 글이다.

앞의 두 글에서 우리는 비평과 설명의 차이점에 대해 알아보았다. 그러면 논증과 설득은 어떤 차이가 있을까? 설득(說得)은 상대편이 이쪽 편의 이야기를 따르도록 여러 가지로 깨우쳐 말하는 것이며, 말로 하여 다른 사람을 납득시키는 것이다. 설득의 목적은 사람들의 마음을 움직여 행동이나 태도에 영향을 주는 것이므로 감동을 줘야 한다. 감동을 주기 위해서는 자연히 감정을 건드리는 말을 많이 사용해서 마음에 호소해야 한다. 그러므로 논리적인 합리적, 이성적인 말은 설득의 말이 아니다.

### 〈예3〉

다음의 글은 인도의 대서사시 「바가바드기타」에 나오는 글이다.

아르주나가 지극한 연민에 사로잡혀 낙담하면서 이렇게 말하였다.

"크리슈나여, 나의 이 친족들이 싸우기(전쟁)를 위해 가까이 모여 있는 것을 보니, 나의 사지는 주저앉고, 입은 바싹 타며, 전율이 내 몸을 휩싸고, 온몸의 털이 곤두서오.

……

크리슈나여, 나는 승리도 왕국도, 그리고 어떤 즐거움도 원치 않소. 우리에게 왕국은 해서 무엇하며 쾌락이나 삶이 무슨 소용이 있겠소.

……

저들이 나를 죽인다 해도, 크리슈나여,<br>
나는 저들을 죽이고 싶지 않소.<br>
삼계(三界)의 통치권을 위해서라도 아니할 텐데, 하물며 땅을<br>
위해서겠소?

……

전쟁터에서 이렇게 말하고서 아르주나는 전차석(마차)에 주저앉았습니다. 활과 화살을 떨구며 마음은 슬픔으로 괴로워하면서.

크리슈나가 말했다.

이 위급할 때에 어디서 그대에게 이런 나약함이 생긴단 말이오, 아르주나여.

이는 귀족답지 못하고 하늘의 복락으로 이끌지도 못하며, 수치를 가져올 것이요. 나약하게 굴지 마오, 프르타의 아들이여(아르주나여). 그것은 그대에게 걸맞지 않소. 조그마한 심약함을 떨쳐 버리고 일어서시오. 적을 괴롭히는 자여.

……

그대가 만약, 의무에 따른 이 싸움을 수행하지 않는다면, 자신의 의무와 명예를 저버리고 자신에게 악을 초래할 것이오.

출전: Gandhi(2010).

아르주나가 친족들에게 빼앗긴 자신의 왕국의 땅을 찾으려고 전쟁하게 된다. 그러나 아르주나는 자신이 상대할 사람들이 친족들임을 알기에, 전쟁하지 않으려 한다. 그러나 아르주나의 마부인 크리슈나가 '나가 싸워라! 크샤트리아여(아르주나의 신분)!'라고 외친다. 이는 아르주나를 설득하는 크리슈나의 간곡한 권유이다. 결국 아르주나는 전쟁에 참여하게 되고, 승리로 이끈다.

출처: Google/Image. ANNENBERG LEARNER:The Bhagavad- Gita: Krishna`s Counsel in Time of War.

**활동**

다음 글은 비평, 설명, 설득 중 어디에 속할까?

### 익명성이 무너뜨리는 공감의 기둥

직접 얼굴을 대하는 만남을 회피함으로써 우리는 가장 자연스럽게 일어나는 공감 훈련을 게을리했다. 이 때문에 우리의 공감 능력도 줄어들었을까? 단언하기는 어렵다. 공감은 테크놀로지 사용이 증가한 지난 30년 동안 감소했지만, 두 가지 일이 동시에 일어났다는 사실이 하나가 다른 하나를 초래했다는 의미는 아니다.

그러나 신경 쓰이는 상관관계도 존재한다. 인터넷 사용이 많은 나라는 공감의 수준이 낮고, 인터넷과 소셜미디어, 게임 플랫폼에서 더 많은 시간을 보내는 사람은 다른 사람을 이해하기 훨씬 어려워한다. 그리고 사람들은 서로의 목소리를 듣는 것이 아니라, 글을 읽을 때 사람들을 비인간화할 가능성이 더 크다. 특히 자신이 그 사람들의 생각에 동의하지 않을 때는 더욱 그렇다.

물론 우리는 온라인에서 누구든 볼 수 있지만, 우리는 대개 그 가능성을 우리의 시야를 넓히는 쪽이 아니라 좁히는 쪽으로 사용한다. 소화하기에 너무 많은 이야기와 통계수치 범람 앞에서, 우리는 어디로 주의를 향해야 할지 선택할 수밖에 없다. 그 선택은 우리의 가장 게으른 심리적 충동을 따른다.

우리는 우리가 믿고 있는 것에 부합하는 사실을 찾고, 나와 같은 생각이 메아리치는 방안에 자신을 가둔다. 또한 정서적으로 우리가 옳다고 확인해 주는 이야기 쪽으로 끌리는데, 이는 우리가 항상 옳다는 걸 증명하는 데 공감을 사용하기 때문이다.

이런 일이 실제로 일어나는 것을 보려면 『월 스트리트 저널』의 '블루 피드, 레드 피드Blue Feed, Red Feed'를 보라. 이 프로젝트는 페이스북의 좌편향 포스트와 우편향 포스트를 모두 수집한다. 이용자가 특정한 정치 이슈를 선택하면, 양 진영 사람들이 소셜미디어 플랫폼에서 그 이슈를 검색할 때 어떤 것을 발견하는지 볼 수 있다. 그 결과는 확증편향의 교과서적 예라고 할 수 있다.

레드 피드와 블루 피드에서 보이는 사실과 통계는 서로 아주 다르다. 그리고 각 피드는 독자들의 감정을 서로 정반대의 방향으로 몰아간다. '낙태'라는 주제를 선택하면, 블루 피드와 레드 피드는 전혀 다른 두 세계를 보여 준다. 한쪽에서는 여성의 인권이 난관에 봉착해 있다. 엘살바도르의 한 여성은 사산아를 출산한 후 징역 30년을 받았다. 그 나라의 철저한 낙태 금지법 때문이다. 한편 다른 쪽에서는 의사들이 아기의 신체 부위를 '수확'하고 있다.

...... 여기서 나오는 결과는 기이한 대칭을 이룬다. 독자는 역겨움과 슬픔, 분노를 느낀다. 이 모두가 피해자에 대한 그들의 공감에서 나온 것이다. 그러나 한쪽의 피해자는 다른 쪽의 가해자다.

......

최근 한 설문조사에서 사람들은 신문이나 텔레비전, 개인적 대화에서보다 인터넷을 훑어볼 때 훨씬 더 격분한다고 한다.

온라인에서는 우리도 남들에게 실제와 다르게 보인다. 특히 이름과 얼굴 대신 사용자명과 아바타를 사용할 때는 더 그렇다. 익명성에는 혜택이 있다. 익명성 덕분에 안전하게 시위를 조직할 수 있고, 아웃팅을 당할 두려움 없이 자신의 성정체성에 대해 이야기할 수 있다.

그러나 동시에 익명성은 친절이라는 핵심 기둥을 제거하기도 한다.

......

작은 공동체 안에서 사람들이 서로의 책임을 분명히 확인할 수 있는 경우, 잔인한 행동은 사회적으로 큰 대가를 치러야 한다. 그러나 익명성의 사회에서는 이런 제약을 덜어 줌으로써 이러한 제동장치를 없애 버린다. 인터넷은 그로 인한 충돌과 잔해로 가득하다.

......

악플러들은 고통의 씨앗을 뿌리는 일에 엄청난 양의 시간과 에너지를 쏟는다. 썼다 벗을 수 있는 가면처럼 익명성은 사람들에게 잔인한 행동을 시도해 보도록 유혹한다. 그렇게 해도 자신은 아무 대가도 치르지 않으리라는 걸 알기 때문이다. 물론 그런 잔인성은 그들이 표적으로 삼은 이들의 희생을 치르게 한다. 온라인 괴롭힘은 집과 방, 침대에까지 그 사람을 따라다닐 수 있다. 이런 사실은 사이버 괴롭힘을 당하는 십 대들이 전형적인 괴롭힘의 희생자들보다 자살을 더 많이 고려하고 시도하는 이유를 설명해 주는지도 모른다.

사람들이 온라인 공간에 자신의 이름과 얼굴을 공개할 때는, 그들이 세상에 제시하는 인물이 실제 아날로그 세상의 자아와 다를 수 있다. 소셜미디어는 우리의 삶을 뽀얗게 보정한 모습으로 보여 주라고 꼬드긴다. 이는 페이스북에 시간을 보내면서 더 우울해지는 이유 중 하나일 것이다. 왜냐하면 지인과 옛 동료들은 항상 석양 무렵에 급류 레프팅을 하는 것 같은데, 우리는 형광등 불빛 아래에서 여전히 소셜미디어만 보고 있기 때문이다.

또한 소셜미디어는 우리가 외부인에게 공개적으로 분노를 표출하도록 부추기도 한다. 사람들이 정치적 사안이나 도덕적 사안에 관한 감정적 트윗을 올리면 그 메시지는 더 많이 공유된다. 이미 같은 의견을 가진 사람들 사이에서는 특히 더 그렇다. 리트윗은 트위터에서 아주 획기적인 것이다....... 리트윗을 한 어떤 메시지든 더욱 강화한다…. 구식 미디어는 우리에게 시끄럽고 극단적인 목소리를 들려줬고, 우리는 그런 목소리에 끌렸다. 새로운 미디어는 우리에게 바로 그런 목소리가 되라고 부추긴다.

……

페이스북과 트위터는 사람들을 행복하게 만드는 게 아니라 그들을 온라인에 붙잡아 주는 일로 돈을 번다.

……

그들은 계속 우리의 약한 부분을 붙잡고 늘어진다.

……

2017년 페이스북 초창기 경영진이었던 차마트 팔리하피티야(Chamath Palihapitiya)는 자신이 창조에 일조한 테크놀로지에 관해 느끼는 어마어마한 죄책감을 표현했다. 그는 스탠퍼드 대학교의 청중 앞에서 이렇게 말했다. "우리가 사회구조를 파괴하는 도구를 만들었다는 생각이 듭니다. 우리가 만든, 도파민에 지배되는 단기적인 피드백 회로가 사회의 작동 방식을 파괴하고 있습니다." 그런데도 바로 같은 해에 도파민 랩스-Boundliss Mind-는, 뇌 과학자 두 명이 세운 그 스타트 업은 보상과 강화의 법칙을 사용해 사람들을 온라인에 붙잡아 두는 일을 한다. 그들은 고객에게 "도파민이 당신의 앱에 중독성을 만들어 줍니다."라고 장담한다.

애시모브가 예측했듯이 우리는 자연에서 멀어져 '우리에게 더 잘 맞는 환경'으로 들어갔다. 슬픈 일이지만 온라인의 삶은 우리 최악의 본능들에 잘 맞는다. 우리에게 미치는 영향에 대해 테크놀로지 자체를 비난하고 싶은 마음이 굴뚝같고, 많은 사람이 그렇게 한다. 테크놀로지의 주요한 조류는 확실히 우리를 점점 더 서로에게 멀어지게 만들었다. 그러나 테크놀로지는 그것을 만든 사람과 소비자들이 테크놀로지에게 요구하는 일을 할 뿐이다. 어떤 진취적인 사람들은 10년 전만 해도 상상조차 하기 어려웠던 연결을 만들어 내는 데 테크놀로지를 사용하며, 공감을 감소시키는 테크놀로지의 영향력에 맞서 싸우고 있다.

출처: Zaki(2021 : 311-318).

앞의 글은 익명성에 의한 인간의 공감능력의 저하에 대해 이야기하고 있다. 논자는 이렇게 인간의 공감능력을 감소시키는 테크놀로지를 역으로 이용하여, 공감능력을 향상시키는 도구로 사용하자는 것이다. 이것이 바로 테크놀로지의 영향력에 맞서 싸우는 것이라고 결론 맺고 있다. 결국 인간의 공감능력이 테크놀로지에 의해 감소하고 있는 것은 사실이고, 위험성이 크다고 경고하지만, 여기에서 회복되는 것 역시 인간의 테크놀로지의 사용 방법에 달렸다는 것을 말하고 있다. 그러므로 이 글은 비판적 사고로 쓴 비평문이다.

### 활동 1

비평문을 써 보자.

**활동 2**

설명문을 써 보자.

## 활동 3

설득하는 글을 써 보자.

..........................................................................................

..........................................................................................

..........................................................................................

..........................................................................................

..........................................................................................

..........................................................................................

..........................................................................................

..........................................................................................

..........................................................................................

..........................................................................................

..........................................................................................

막상 하려고 보면, 당황스럽고 어려울 것이다. 어떻게 해야 하는지 혼란스러울 것이다. 이때 우리에게 필요한 것이 옳은 판단이다. 비평하기 위해서는 어떤 사안에 대해 자신의 판단이 필요하다. 즉, '학기제 이동'에 관해 비평하려면, 학기제 이동에 대한 정확하고 확고한 자신의 판단이 있어야 한다.

설명하기 위해서는 이미 알고 있는 지식을 최대한 자세히 알기 쉽게 알려 주는 방식을 취해야 한다. 그러므로 해석하게 되고, 자신의 경험을 넣어서 예를 들고, 최대한 독자가 이해할 수 있도록 풀어서 쓴다. 그리고 설득을 위해서는 감정에 호소해서 상대방의 마음을 움직여야 한다. 때문에, 부드럽고 때로는 강하나 간곡함이 담겨 있어야 한다. 그래서 '설득의 심리학'이란 용어가 있는 것이다.

미국 심리마케팅학과 명예교수 로버트 치알디니(Robert B. Ciadini)는, 공저인 『설득의 심리학』에서 '스몰 빅' 이론을 설명하고 있다. '스몰 빅'은 "작고 단순한 변화는 놀랄만한 결과를 만들어 낸다"라는 것이다. 그는 이를 위해서는 '인간의 세 가지 욕구'를 알아야 한다고 한다. 즉, 가능한 한 정확한 결정을 내리려는 욕구, 다른 사람들과 연관을 맺고 다른 사람들의 승인을 얻으려는 욕구, 그리고 스스로를 긍정적으로 보려는 욕구이다. 이는 단순하고 강력한 인간의 세 가지 기본욕구이며, 설득을 하려면 이 욕구들을 알아야 한다고 말하고 있다.

## 2. 사고란 무엇인가?

### 1) 사고의 정의

사고란 생각하고 궁리하는 것이며, 철학 개념으로는 구성, 판단, 추리 따위를 행하는 인간의 이성 작용을 말한다. 사고에는 분석적 사고, 창의적 사고, 통합적 사고 등이 있다.

### 2) 사고의 유형

#### (1) 분석적 사고

분석이란 얽혀 있거나 복잡한 것을 풀어서 개별적인 요소나 성질로 나누는 것이며, 개념이나 문장을 더 단순한 개념이나 문장으로 나누어 그 의미를 명료하게 하는 것이다. 또 복잡한 현상이나 대상 또는 개념을, 그것을 구성하는 단순한 요소로 분해하는 일이다.

간단하게 다시 말하면, 분석이란 복잡한 의미를 요소별로 나누어 분명하게 하는 것이다. 가령, 비평적인 글을 읽을 때 이 글은 무엇을 주장하고자 하며, 주장을 뒷받침하는 이유와 근거는 무엇이며, 그 이유와 근거는 수긍할 만한지, 그리고 사례는 적합하며, 반론에 대한 반론은 명쾌한가 등을 따지며 읽는 것이다. 이에는 글을 구조적으로 따져 들어가는 형식적 사고가 있고, 내용을 따지는 비형식적 사고가 있다.

### (2) 통합적 사고

분석되고 분류된 생각의 묶음들이 아우러져 글 전체를 어떻게 하나의 주장으로 이끌어 가는가를 보는 것이 통합적 사고이다. 모든 생각의 묶음들은 하나의 주장을 향해 나아가야 한다. 이 하나의 주장을 위해 이유와 근거가 제시되고 사례가 등장하고 반론이 제기되고, 또 반론에 대한 반론이 나오는 것이다.

이 통합적 사고는 멀리서 글을 조망하듯이 보는 능력이 필요하다. 글을 하나의 큰 틀로, 전체적으로 봐야 한다.

### (3) 창의적 사고

분석하고 통합하여 새로운 결과로 끌어내는 생각의 힘을 창의적 사고라고 한다. 즉, 기존의 것을 분석하고 통합하여 새로운 생각을 내거나 새로운 생각을 더하는 것이다. 이는 기존의 결과가 아니며, 다른 시각에서 본 다른 결과물이다. 이것이 창의력이다. 이 창의력으로 인해 문명과 문화는 발전하고 진보한다. 이 창의력으로 인해 새로운 지식의 지평이 열리고 긴 고통 끝에 또 다른 지식의 세계가 더해지는 것이다.

모든 창작품이 이러하다. 이는 마치 재료를 각각 선별하고, 즉 분석하여, 그리고 그 재료를 한 솥에 넣어, 하나의 새로운 음식을 만들어 내는 것과 같다.

여러분이 교향악을 연주하기로 했다고 하자. 그러면 우선 필요한 악기들을 점검해야 한다(분석). 그다음 가장 음향을 극대화시킬 수 있도록 현악기와 금관악기,

타악기 등을 정확하게 배열해야 한다. 그런 다음 이 모든 악기가 한데 어우러지도록 하여(통합), 새로운 음악이 탄생하는 것과 같다(창의).

우리가 남의 글을 읽을 때나 아니면 자기의 글을 쓸 때도 이렇게 해야 한다. 우선 필요한 자료를 모으고 그 자료를 하나의 생각의 뭉치를 위해 통합하여, 새로운 결과물을 만들어 내야 한다.

그러면 여러분은 여기에 대해 의문을 가질 것이다. 나는 과연 분석적 사고와 그 분석된 사고를 통합하는 능력과 그리고 그 통합된 사고에서 새로운 사고를 창출해 낼 수 있는 창의적 능력이 과연 있을까 하는 고민에 빠질 것이다. 스위스의 정신의학자이자 심리학자인 칼 융(Carl Jung)의 이론을 가지고 오지 않더래도, 우리 인간은 이러한 능력들을 모두 다 가지고 태어난다. 왜냐하면 이것들은 인간이 생존하기 위해 가져야 할 기본적이고도 필수적인 능력이기 때문이다.

### 3) 사고를 방해하는 것들

유순근(2019)은 비판적 사고의 장벽으로 고정관념, 성급한 일반화, 희망적인 사고, 부당한 가정, 자기중심주의, 사회중심주의, 상대주의를 들고 있다.

① 고정관념(stereotype)은 집단의 모든 구성원의 의견이 비슷하다고 가정하는 것을 말한다. 즉, '그는 막내라서 그렇다', 혹은 '그는 장남이라서 그렇다'라는 식이다. 여기에는 개인의 개별성을 고려하지 않고 있다.

② 성급한 일반화(hasty generalization)는 작은 표본에서 전체 모집단에 대한 결론을 끌어낼 때 발생한다. 예를 들면, 특정한 정치인이 막말을 한다고 모든 정치인이 막말을 한다고 결론을 내리는 경우이다. 가장 경계해야 할 가정은 중요한 태도, 행동이나 결정을 기반으로 일상적인 행동 전체로 일반화시키는 것이다.

③ 희망적인 사고(wishful thinking)는 희망이 현실이 되기를 바라는 마음이다. 예를 들면, 사이비 종교의 번창이다. 알려지지 않은 것을 두려워하고, 영생, 예언, 계시, 돌팔이 치료와 죽은 자와의 대화에 관한 이야기에 신중하게 귀를 기울인다. 그들은 교주의 특별한 초인적인 힘, 환상적인 예언이나 도술을 무비판적으로 받아들인다.

④ 부당한 가정(unwarranted assumption)은 어떤 증거도 없이 당연하게 받아들이거나 사실이라고 믿는 것이다. 즉, 으레 그러리라고 생각하는 것이다.

⑤ 자기중심성(egocentrism)은 자신을 중심으로 현실을 보는 것이다. 이는 이기적 사고와 편향된 사고이다. 자신에게 도움이 되는 것은 좋은 것이라고 생각하고 그렇지 않은 것은 부당하다고 생각하는 것이다.

⑥ 사회중심주의(sociocentrism)는 집단중심 사고이다. 집단편향(group bias)은 동료집단, 국가 등 자신의 집단을 다른 집단보다 더 좋다고 보는 경향이다. 이들은 집단의 행동과 신념에 순응하는 경향이 있다.

⑦ 상대주의(relativism)는 절대로 올바른 진리란 있을 수 없고 중요한 것은 그것을 정하는 기준이라는 주장이다. 따라서 상대주의는 신념과 기준에 대해서 보편적이거나 영원한 가치성은 존재하지 않는다는 것이다.

출처: 유순근(2019 : 36~42).

그리고 같은 맥락에서, 우리는 사고, 즉 생각할 때 자신도 모르게 범하는 오류들이 있다. 이 오류들에 대해서 살펴보자. 이러한 오류들은 다른 사람이 지적해 줄 때까지는 모르는 경우가 많은데, 자신이 쓴 글에 대해 여러 사람과 의견을 나누어 보는 것이 큰 도움이 된다.

### ① 흑백사고의 오류

이것이 아니면 저것이다는 식으로 생각하는 오류이다.

예를 들어,

- 저 사람은 내 친구가 아니다. 그러면, 적이다.
- 이 음식은 몸에 이롭지 않다. 그러면 해로운 것이다.
- 그는 나의 말에 찬성하지 않았다. 그러면 반대한다는 뜻이다. 등이다.

### ② 일반화의 오류

- 그 의사는 과잉진료를 했다. 요즘 의사가 다 그렇다.
- 그 빵집에서 빵을 샀는데 빵 아래쪽에 곰팡이가 피어 있더라,
  요즘 빵집들은 다 그렇더라.

### ③ 순환논리의 오류

- 이런 거짓 결론이 난 것은, 그가 정직하지 못했기 때문이다.
  그가 정직하지 못했기 때문에, 이런 거짓 결론이 난 것이다.
- 그는 위가 약해서 소화를 잘 못 시킨다.
  그가 소화를 잘 못 시키는 것은 위가 약하기 때문이다.

### ④ 분할의 오류

- 태권도 사범님의 자녀들은 아버지를 닮아서 태권도를 모두 잘할 것이다.
  철수의 아버지는 태권도 사범이다. 그래서 철수도 태권도를 잘할 것이다.
- 영희의 자매들은 다 공부를 잘한다. 따라서 영희도 공부를 잘할 것이다.

### ⑤ 결합(통합)의 오류

- 이 찌개에는 맛있는 재료들만 들어가서, 틀림없이 맛있을 것이다.
- 이 합창단은 노래 잘하는 사람들로만 구성되어서, 화음이 기가 막힐 것이다.

## 4) 판단의 오류

판단(判斷)이란 사물을 인식하여 논리나 기준 등에 따라 판정을 내리는 것을 말한다. 철학에서는 어떤 대상에 대하여 무슨 일인가를 판정하는 인간의 사유 작용이다.

여러분들이 어떤 글의 내용이나 대상을 비판한다는 것은 거기에 대해 판단을 내리는 것을 뜻한다.

우리는 비판적 사고에 의해 정확한 판단을 내릴 수 있다. 판단이란 한자의 상형을 보면 사람 머리를 반으로 쪼개서 그 속을 보고 끊을 건 끊는 것이라고 한다.

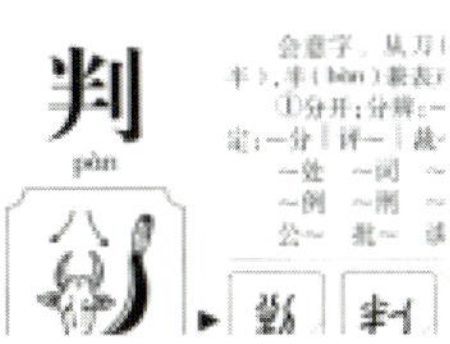


따라서 판단이란 그 비판의 대상이 되는 글이나 개념 등을 머릿속을 들여다보듯이 세심하게 보고 내려지는 것이다. 위기철(1993)은 그의 책 『고맙다 논리야 3권』에서 '옳다고 속기 쉬운 판단'으로 권위가 있어 보이는 판단, 여럿이 주장하는 판단, 자신의 이해관계에 걸린 판단, 기분에 따른 판단, 불쌍한 생각이 들게 하는 판단, 공포 분위기를 담고 있는 판단 등을 들고 있다. 역사적으로 유명한 드레퓌스 사건은 우리가 판단할 때 엉뚱한 것이 끼어들어 판단에 영향을 준 예다.

위기철(1993)의 '옳다고 속기 쉬운 판단'

① 권위 있어 보이는 판단: 권위 있는 전문가가 한 말은 옳다는 판단. "책에 그렇게 적혀 있어.", "세계적인 석학인 그 박사가 그렇게 말했어."

② 여럿이 주장하는 판단: 다수 사람의 생각이 맞는다는 판단. "지나가는 사람 다 붙잡고 물어봐 내 말이 맞는다고 할걸!!!"

③ 자신의 이해관계가 걸린 판단: 자기에게 이로우면 옳다고 내리는 판단. "그는

고향이 ○○○이므로 이번에는 기필코 그가 당선되어야 한다." 등.

④ 기분에 따른 판단: '여도의 죄'와 같이 기분에 따라 멋대로 바뀌는 판단.

⑤ 불쌍한 생각이 들게 하는 판단: 동정심에 의한 판단. 지혜 없는 동정심은 어리석은 결과를 가져온다.

⑥ 공포 분위기를 담고 있는 판단: "지옥에 떨어지지 않기 위해 착한 일을 해야 한다." 이럴 때 선한 행동을 해야 한다는 참된 목적을 잃게 된다.

출처: 위기철(1993 : 83~114).

비판적 사고를 할 때는 이들 판단의 오류를 범하지 않기 위해 객관적이고 중립적인 자세에서 대상을 비판해야 한다. 물론 어려운 일이다. 위기철(1993)이 언급했듯이 권위자의 글이라서, 전문가의 글이라서, 혹은 많은 사람이 인정하는 글이라서 글의 내용이 모두 맞는 것은 결코 아니다. 동정심에서, 혹은 어쩔 수 없이 인정해야 한다고 생각해서, 혹은 자신의 이해관계에 걸린다고 해서 어떤 글의 내용이나 주장이 옳다고 인정해서도 안 된다. 이는 글쓴이의 지식의 양과 깊이 그리고 인격적 성숙과 관련된다. 그러나 훈련하고 판단하는 데 있어 책임 의식을 지닌다면 이러한 오류들을 피해갈 수 있다. 무엇보다도 이러한 오류에서 벗어날 수 있어야 진정한 독창적인, 자기만의 창의적인 비평적 글을 쓸 수 있다.

판단의 형식에는 연역적 판단과 귀납적 판단이 있다. 연역 판단은 어떤 명제로부터 일반적인 사실이나 원리를 전제로 하여 개별적인 사실이나 보다 특수한 다른 원리를 이끌어 내는 추리를 이른다. 연역 판단은 경험을 필요로 하지 않는 순수한 사유에 의하여 이루어지며 그 전형은 삼단논법이다.

**〈예1〉**

연역 판단은 전제가 참이면 결론도 언제나 참이다.

사람은 모두 죽는다.
소크라테스는 사람이다.
그러므로 소크라테스는 죽는다.

사람은 잘못을 저지르는 수가 있다.
지도자도 사람이다.
그러므로 지도자도 잘못을 저지르는 수가 있다.

모든 생명체는 언젠가는 죽는다.
사람은 생명체이다.
고로 사람은 언젠가는 죽는다.

연역 판단과 비교해 귀납 판단은 개별적인 특수한 사실이나 원리로부터 일반적이고 보편적인 명제 및 법칙을 유도해 내는 것이며, 개연적인 확실성만을 가진다.

**〈예2〉**

나의 인자하신 할아버지는 위암으로 돌아가셨다.
나의 다정한 할머니도 위암으로 돌아가셨다.
나의 멋진 친구였던 아버지도 위암으로 돌아가셨다.
나의 영원한 안식처인 어머니도 위암으로 돌아가셨다.
.
.
.
나의 형도 위암으로 죽을 것이다.
그리고 나도 위암으로 죽을 것이다.

윗글은 귀납 판단으로써 개별적인 사례들을 통하여 추론하여 결과에 이른다. 그런데 결과가 반드시 참이라고 할 수는 없다. 참이 아닐 수도 있고, 참일 수도 있다. 위의 내용은 개연성이 많은 귀납 논증이다.

그럼, 논증을 시작하기 전에, 전 단계로 다음의 형식에 따라 자신의 주장을 논리적으로 전개하는 연습을 해 보자.

**활동**

연역 판단을 만들어 보자.

..........................................................................................

..........................................................................................

..........................................................................................

..........................................................................................

..........................................................................................

..........................................................................................

귀납 판단을 만들어 보자.

..........................................................................................

..........................................................................................

..........................................................................................

..........................................................................................

..........................................................................................

..........................................................................................

## 3. 비판적 사고란 무엇인가?

그럼 비판적 사고란 무엇인가에 대해 알아보자. 비판적 사고란 어떤 대상을 분석하고, 종합하여, 새로운 창의적 결론을 내는 사고작용이다. 이러한 사고작용은 상대방의 주장에 대해 합리적 이성을 바탕으로 논리적으로 분석하여 옳고 그름을 밝히는 것이며, 이럴 경우, 필자의 자세는 진정으로 상대방을 위한다는 '자비의 원칙'이라는 큰 틀 안에서 이루어져야 한다.

비판적 사고란 감정을 주 정서로 독자의 감동을 끌어내는 것이 아니라, 자신의 주장에 대해 이유를 제시하고 자신의 주장이 옳음을 증명하는 것이다.

비판적 사고로 글을 쓴다는 것은 논증적인 글을 쓴다는 것이다. 논증적인 글은 결론인 주장과 그 주장을 뒷받침하는 이유와 근거가 제시되는 글이다.

앤 톰슨(Anne Thomson)은 그의 책 『비판적 사고』에서 이렇게 말하고 있다.

1) 논증은 결론을 뒷받침하기 위해 이유를 제시하는 것이다.
2) 결론(주장)은
   - 사실(예를 들어, "음주 운전은 위험하다")을 진술하거나
   - 권고(예를 들면, "너는 운전을 해서는 안 된다.")하기도 한다.
3) 어떤 논증은 '그러므로'나 '따라서'라는 논증시사 표현으로 결론이 시작된다. 그런 단어가 나오지 않는 논증도 있다.
4) 결론이 논증에서 반드시 마지막 문장일 필요는 없다. 결론은 논증 어디에나 올 수 있다.
5) 논증에선 가정, 즉 명시적으로 진술되지는 않았지만, 결론을 끌어내는 데 필요한 정보나 주장이 들어 있을 수 있다.
6) 논증은 여러 가지 다른 구조를 가질 수 있다. 예를 들어,

- 한 가지 이유가 결론을 뒷받침하는 구조이거나
- 두 가지 이상의 이유가 합쳐져서 결론을 뒷받침하는 구조이거나
- 두 가지 이상의 이유가 각각 독립해서 결론을 뒷받침하는 구조이거나
- 중간 결론을 뒷받침하는 이유가 있고, 이들이 독립해서 최종 결론을 뒷받침하거나 아니면 다른 이유와 합쳐져서 최종 결론을 뒷받침하는 구조일 수 있다.

출처: Thomson(2012: 61).

〈예1〉

전제: 영희는 공부를 열심히 한다.
결론: 따라서 학점이 잘 나올 것이다.

〈예2〉

전제 1: 모든 학자는 박사이다.
전제 2: 철수는 학자이다.
결론: 따라서 철수는 박사이다.

〈예3〉

전제 1: B는 A에게 원한이 있고,
전제 2: B의 책상 서랍에 사용한 듯한 권총이 있었고,
전제 3: 그 전날 B는 A의 집을 방문했다고 한다.
결론: 그러므로 B가 A를 살해한 범인임이 틀림없다.

여러분들은 논증적인 글, 즉 비판적인 글인, 비평문을 쓸 때 위의 6가지를 잘 인지하여 쓰도록 해야 한다.

# 4. 비평문 쓰기

## 1) 사전 절차

### (1) 주제 선정하기

비평문의 주제는 그 주제에 대한 자신의 주장이 과연 타당한지 아닌지를 상대방이 따져 볼 가능성이 있는 것이어야 한다(김보현 외, 2020). 즉, 충분히 이견(異見)을 제시할 만한 것이어야 한다. 주제를 정할 때, 개인적인 상황이나 개인적인 감정이 개입되는 문제, 즉 '나는 한 학기 휴학하는 것이 좋을까?' '가을 단상' 등은 비평문으로서 적합하지 않다. 주제는 고전적인 것으로 '정의란 무엇인가?', '윤리란 무엇인가?', '삶의 질을 높인다는 것은 어떤 의미인가?' 등도 좋고, 현안들도 좋다. 특히 비평문은 자신의 주장이 옳음을 증명하는 것이므로, 비평하려는 대상에 대해 자신의 주장이 뚜렷해야 한다. 주장이 뚜렷해야 한다는 것은 비평하려는 주제에 대해 자신의 주장이 옳다는 것을 확신해야 한다. 그리고 주제에 관련된 자료들도 충분히 준비되어 있어야 한다.

평소에 자신이 관심을 가지는 현안을 적어 보고 그중 한 개를 선택해도 된다. 예를 들면, '동물의 권리'라든가, '호주제 폐지와 자녀의 성씨 선택권', '비혼 출산' 등 여러 가지 현안이 있을 수 있다. 이때 주제문을 작성해 놓는다면 도움이 된다. 예를 들어, '호주제는 폐지되어야 한다. 따라서 자녀의 성씨 선택권도 법적으로 주어져야 한다.', '비혼 출산도 법적인 보호를 받아야 한다.', '용병제는 과연 수용되어야 하는가? 앞으로 대한민국에도 용병제가 도입되어야 한다.' 등으로 자신이 알 수 있도록 주제문을 적어 놓으면 비평문을 쓰는 데 도움이 된다.

**비평문 주제의 요건**

① 대부분 사람이 문제임을 인식하거나 인식할 수 있는 것이어야 한다. 이것이 주제의 보편성이다. 왜냐면 글은 독자가 있어야 하기 때문이다. 누구나 문제성을 인지하고 있는 것이라면 분명 호응도가 높을 것이다. 그리고 그 문제에 대해 뭔가 대책이 있어야겠다는 절실함을 가지고 있다면 더욱 좋다.

② 특수한 주제는 대부분 사람이 미처 인지하지 못했지만, 글쓴이가 생각하기에 중대한 문제라고 생각하는 경우이다. 이럴 경우, 이 주제의 특수성은 대중을 일깨우는 역할을 한다. 글은 잠자고 있는 우리의 의식을 두드린다. 글은 읽는 사람에게 무언가를 느끼고 깨닫게 해야 한다.

③ 필요한 정보를 제공하거나 새로운 사실을 전하거나 아니면 잘못된 사실을 바로잡아 주거나 해서, 사람들에게 유용해야 한다. 이것이 주제의 유용성이다.

④ 만일 여러분들이 어떠한 문제에 대해 오랫동안 고민했고, 그 문제에 대해 여태껏 아무도 창의적인 방안을 제기한 적이 없어, 의아하게 생각했고, 그래서 이번 기회에 이 문제에 대해 비평해 보고 싶다면 그것보다 더 좋은 주제는 없을 것이다. 이것이 주제의 필요성이다.

출처: 최려원(2021).

**활동**

여러분이 평소에 관심을 가지게 된 주제의 주제문을 적어 보자. 주제문을 적을 때 간단한 자신의 주장과 그 주장에 대한 간단한 이유와 근거를 적어 놓는다면 더 없이 효과적이다.

......................................................................................................................................

......................................................................................................................................

......................................................................................................................................

......................................................................................................................................

......................................................................................................................................

......................................................................................................................................

......................................................................................................................................

......................................................................................................................................

......................................................................................................................................

......................................................................................................................................

......................................................................................................................................

### (2) 제목 정하기

주제가 정해졌으면 제목을 정해야 한다. 비평문일 경우, 글의 제목은 주제를 한눈에 알아볼 수 있도록 나타내면 좋다. 즉, '동물실험 계속되어야 하나?', 'AI 학습의 장단점' '채식 옹호론' 등이 있을 수 있고, 주제를 상징적으로 나타내는 것일 수도 있지만, 예측 가능한 것이면 좋다. 물론 한 단어로 주제를 드러낼 수도 있다. 즉, '동물 윤리', 'AI의 열성유전' 등 여러 가지가 있을 수 있다.

독자들은 글의 제목을 보고 읽기를 결정하기도 한다. 따라서 독자도 충분히 관심을 가질 수 있는 사안이어서, 여러 이견이 도출될 수 있는 주제가 비평문의 제목으로 적당하다. 물론 진부한 제목은 독자가 식상해 한다.

어떤 경우엔, 독자는 자신이 관심을 가지는 현안이라 글을 읽기로 했는데 그만둔다면, 그것은 비평을 쓴 논자의 참신성이 떨어지기 때문이기도 하고, 그 논자의 주장을 뒷받침하는 이유와 근거가 충분하지 못하거나, 아니면 문장력이 없거나, 호소력이 약하거나 등 여러 이유가 있을 수 있다. 물론 제목을 2, 3개 선택하여 두었다가, 어느 정도 글이 마무리된 뒤 마지막에 제목 하나를 선정해도 무방하다.

**활동**

여러분이 쓴 주제문에서 가능한 제목을 뽑아 보자.

### (3) 개요 짜기

필자의 주제와 제목이 정해졌고, 주장을 뒷받침할 이유와 근거도 마련되었고, 또 이유와 근거를 입증해 줄 자료까지 선별되었으면 글의 개요를 짠다. 비평문에서 개요 짜기란 논자가 주장하고자 하는 바는 무엇이며, 그 이유와 근거는 무엇이며, 사례는 무엇이며, 누구의 글을 인용할 것이며, 반론은 무엇이며, 반론의 사례에는 어떤 것들이 있으며, 그리고 반론에 대한 자신의 반론은 무엇인지를 대충 적어 놓는 것이다. 그리고 논증의 형식은 연역법을 사용할 것인지, 아니며 귀납법을 사용할 것인지, 아니면 다른 형식을 사용할 것인지도 정해 놓으면 도움이 된다.

우리가 집을 짓기 전에 설계도를 그리는 것처럼 글을 쓰기 위해서도 미리 설계도를 그려야 한다. 비평문의 글의 개요는 어떤 주제의 글을 어떤 구성과 형식으로 논증해 나갈 것인가를 계획한 설계도이다. 만일 그렇게 한다면 비평문 쓰기가 한결 쉬워질 것이며, 글 전체의 논지도 탄탄해질 것이다.

**〈개요 짜기의 예〉**

다음의 글을 참고로 하여 '엄궁대교 건설 반대'에 대한 개요를 짜 보자.

부산경남대표방송 KNN 김동환 기자는 2021년 7월 18일 '황당한 철새 대교, 거대한 장벽 100미터 주탑'이라는 표제하에 다음과 같은 내용의 기사를 보냈다. 내용은 앵커가 말한 대로 "대교 건설은 물류이동과 교통난이 극심한 서부산권에 필요한 시설물이지만, 100미터 높이의 주탑을 세우는 교량을 건설하겠다는 계획은 심각한 문제가 된다."라는 것이다. 그중 하나가 "낙동강에서 천연기념물인 큰고니의 비행에 크게 지장을 준다."라는 것으로, 기사는 '엄궁대교 건설 반대'로 흐름을 잡아가고 있다.

KNN 김동환 기자에 의하면, 큰고니는 2미터가 넘는 날개에 흰 깃털을 가진 새로서, 시베리아에서 4천Km를 무리 지어 날아와 낙동강 하구에서 겨울을 난다고 한다. 이곳은 삼락생태공원 인근의 낙동강 둔치로, 철새들이 먹이 활동을 하는 섭식지인데, 이 섭식지 앞에 부산시는 주탑 높이가 100미터에 이르는 엄궁대교를 만든다고 한다는 것이다. 이것은 큰고니의 이동 경로를 막는 거대한 장벽이 될 수 있다는 지적이 나오고 있지만, 부산시의 설명은 다르다고 한다.

기사는, 김종경 부산시 도시계획실장(부산시의회 제296회 임시회)은 자문결과에 의하면 지금 낙찰자가 제시한 엄궁대교는 조류의 이 · 착륙 및 활공에 미치는 영향이 미미하고 제한적이라는 것이다.

이에 대해, 김동환 기자는 자료확인 결과, 큰고니의 이동 비행고도는 100미터 이상이며, 이는 시베리아를 오가는 장거리 이동일 경우의 고도라고 한다. 섭식지에 건설될 교량 자문서에 섭식 이동 고도는 없더라는 것이다. 큰고니가 먹이 활동을 하는 반경 5km 안에서의 비행고도는 40여 미터 남짓하며, 이는 해외 논문에서 쉽게 찾아볼 수 있다고 한다. 따라서 큰고니가 100미터 장애물을 넘나들기에는 역부족이라는 것이 김동환 기자의 설명이다. 김동환 기자는 덧붙여 교량과의 충돌 가능성도 배제할 수 없으며, 실제 서식지에 건설된 교량과 조류 충돌 사례를 밝힌 해외 연구보고서도 있다고 한다.

김동환 기자가 인터뷰한 이성숙 부산시의회 도시환경위원(부산시의회 제296회 임시회)는 "(큰고니들) 시베리아 갈 때는 이렇게 가요. 그런데 (큰고니는) 섭식을 하는 거예요. 여기(서식지) 있다가 여기(섭식지)로 넘어오고 여기로 넘어오고, 거기에 대해서 고민은 하나도 안 해 보셨겠죠?"라고 한다. 이는 생태계에 대한 심각한 우려로 여겨진다. 기사는 이어서, 대학 연구팀의 낙동강 하구 큰고니 개체 수 조사에서는, 큰고니는 교량과 교량 사이가 넓은 곳에서 대부분 서식을 하는데, 이 가운데 1곳에 엄궁대교가 들어선다는 것이다.

또 기사에는, 홍석환 부산대 생명자원과학대학 교수의 말이 실려 있는데, (큰고니는) 한번 날 때 에너지가 상당히 많이 소비되며, 교량과 교량 사이가 좁으면 위험성이라던지 날아가는 데 문제가 생기기 때문에 될 수 있으면 좁은 구간에는 앉질 않는다고 한다. 그리고 해마다 낙동강 하구를 찾는 큰고니 개체 수는 눈에 띄게 줄어들고 있다고 한다.

기사는 "큰고니 같은 경우는 전에는 몇만 마리 왔었는데, 지금은 양이 많이 줄었고…. 다른 곳으로 많이 가고 여기는 몇천 마리 정도…."라고 유점길 낙동강 하구 어민의 말도 전하고 있다.

또 기사는, 엄궁대교는 100미터 높이의 주탑을 세우는 사장교로 건설될 예정이며. 서부산권의 물류이동과 교통난 해소를 위해 꼭 필요한 교량이지만 대저대교 건설 지연과 같은 사태가 반복될 수 있다는 것을 언급하고 있다. 이럴 경우, 막대한 비용과 불편은 다시 한번 시민들의 몫이 된다고 하며, 대저대교의 판박이가 될 가능성이 큰 우려 속에 엄궁대교 건설의 첫 단추를 어떻게 끼워야 할지 신중한 판단이 필요하다고 전하고 있다.

위의 KNN 김동환 기자의 기사는 경제를 앞세운 섬세하지 않은 결정이 결국은 그 지역 환경을 처참하게 파괴한다는 교훈을 다시 돌아보게 한다.

기사를 읽었으면 자기만의 개요 짜기를 해 보자. '엄궁대교 건설' 반대 혹은 찬성에 관해 개요를 짜 보자.

### 〈예〉 개요 짜기

주제: 큰고니 이동 경로를 막는 엄궁대교 건설 반대
제목: 엄궁대교 건설의 명암
주장: 제3의 대안. 대안이 없을 때, 엄궁대교 건설 반대
이유: 큰고니의 이동 경로. 그 외 많은 새의 죽음.
예: 해상풍력 발전소의 건립으로 희생되는 갈매기들, 바닷새들.
인근 마을 소음 방지를 위한 고속도로 유리 벽으로 인한 새들의 죽음.
제안: 엄궁대교 건설 입지 변경 및 다른 형태의 이동 수단 개발.

개요 짜기가 된 후, 개요 짜기의 순서대로 글을 구체적으로 써 내려가면 비평문이 된다.

**활동**

'광안리 케이블카 설치 반대'에 관한 개요 짜기를 해 보자.

### (4) 자료수집과 선정

비평할 내용에 도움이 되는 자료를 모으는 것이다. 그리고 자료가 어느 정도 확보되면 비평문의 분량에 따라 자료를 선정한다.

다음과 같은 자료들이 '엄궁대교 건설 반대'에 도움이 될 수 있을 것이다.

**자료들**

- 도롱뇽 살리려 백만 명 모으는 지율스님(인천뉴스 브레이크 뉴스 기자 취재. 뉴스 홈페이지(http://www.breaknews.com/))
  출처: 인천뉴스(http://www.incheonnews.com)
- 멸종위기 '고리도롱뇽' 서식지에 산업폐기물 매립장 웬 말인가?(블로그 '조용우의 생각'에서(https://blog.naver.com/xx386/222398853088))

출처: [특별기고] 멸종위기 '고리도롱뇽' 서식지에 산업폐기물 매립장 웬 말인가?| 작성자 조용우.

- 수협, "해상풍력, 절망의 바다 만들지 말라."
- 부산 녹색 연합: 엄궁대교 반대 기자 회견, 성명서

출처: 부산 녹색연합(2008년 7월 3일). 낙동강 하구 보전을 위한 시민행동(부산녹색연합, 부산환경운동연합, 습지와 새들의 친구) 등.

물론 이 외에 아주 많을 것이다. 그 모은 자료들 가운데서 인용하고자 하는 자료를 선별한다. 물론 반드시 출처를 밝힌다.

## 2) 비평문 쓰기 - 비판적 사고로 논증글 쓰기

비평문에 대한 사전 준비단계가 끝났으면 이제는 본격적으로 글을 쓰는 단계이다. 도움이 되는 방법의 하나는 개요를 펼쳐 놓고, 개요에 따라 글을 전개해 나가는

것이다. 만일 그렇게 한다면, 비평문에 있어 논증의 내용을 체계적으로 전개해 나가는 데도 큰 도움이 될 것이며, 논증의 형식적인 면에서도 어긋남이 없을 것이다.

이 단계에서 여러분은 서론, 본론, 결론에 따라서, 혹은 발단, 전개, 위기, 절정, 결말, 혹은 기, 승, 전, 결에 따라서 또는 OREO 법칙, 혹은 PREP 법칙에 따라서 자신이 원하는 글의 형식으로 비평문을 쓰면 된다.

글을 쓸 때는 글은 주제가 잘 드러나도록 체계적으로 적어야 하며, 쉽고 간결하게 써서 독자가 이해할 수 있도록 해야 한다. 비평문이므로 수식어는 많지 않은 것이 좋으며, 문장은 단문으로 하면 힘이 강하다.

만일 여러분이 어떤 논자의 비평문에 대해 반론을 제기하는 비평문을 쓴다면, 그 비평문을 쓴 논자의 주장도 여러분의 주장과 똑같이 중요하다는 것을 알아야 한다. 반론에 대한 글을 쓸 때는 오직 진정으로 상대방에게 도움이 되고자 하는 '자비의 원칙'에 따라 상대방의 글에 대해 최선의 예의를 다해야 한다. 모든 주장에는 이유가 있다. 모든 논자는 여러분과 마찬가지로 충분한 이유를 가지고 글을 쓴다는 것을 잊지 말아야 한다.

비평문을 쓸 때, 논자는 자신의 글을 보다 확고하게 입증하기 위해 전문가의 글을 인용하게 되는데, 전문가일 경우에도 틀릴 경우가 있다. 한 전문가의 글을 인용하고자 할 때는 그 전문가의 다른 글들을 찾아 읽어 보는 수고를 하여야 한다. 그리고 그 전문가의 글이 실린 전문지나 혹은 책자 등을 찾아보고 그의 논지가 논자인 자신의 주장을 뒷받침해 줄 수 있는가를 따져 봐야 한다. 이 부분은 독자에 대한 논자의 최소한의 예의다.

### (1) 주장

비평문에서 주장은 대개 첫 문장에 나온다. 첫 문장은 비평문에서 가장 중요한 지점이 된다. 독자는 논자의 첫 문장의 주장을 읽고 계속 읽을 것인가 말 것인가를 결정한다.

따라서 첫 문장에 논자의 주장이 명확하게 드러나고, 비평할 만한 내용을 담고 있어야 한다. 논자의 비평문을 읽는 독자라면 적어도 논자의 주장에 흥미를 가지고 있을 것이며, 또한 그 독자는 논자의 논지에 대해 적든 많든 사전 지식을 갖고 있다고 봐야 한다. 때문에, 논자는 자신의 주장에 대해 확고한 신념이 있어야 하며, 그 신념은 명쾌한 문장으로 표현되어야 한다.

### (2) 이유와 근거 제시하기

이유와 근거는 주장을 뒷받침하기 위한 것이다. 이는 '내가 왜 이러한 주장을 하는가?'에 대한 답이다. 이때 그 이유와 근거를 기존의 연구 결과들에서 가져올 수도 있다. 이때 이 연구 결과들은 논자 자신의 주장을 지지해 줄 수 있는 적합한 것이어야 한다.

그리고 기존의 논증들 속에서 자신의 주장을 약화시킬 수 있는 이유와 근거, 혹은 자신의 주장을 반론할 수 있는 이유와 근거는 무엇인가도 따로 확보해 놓아야 한다. 이것은 자신의 주장에 대한 반론의 의견으로 사용될 것이다. 이때 물론 논자는 이 반론에 대해 반론할 수 있는, 곧 자신의 주장을 확고하게 지지해 줄 수 있는 또 다른 반대 이유를 가지고 있어야 한다.

비평문에서 주장이 맨 처음 나올 경우, 주장을 입증할 이유와 근거가 참이면 결과도 참이다. 따라서 이유와 근거는 사실임에 틀림이 없어야 한다.

① '철수는 위가 약하기 때문에, 음식을 소화하지 못한다.'
'철수가 음식을 소화하지 못하는 것은, 위가 약하기 때문이다.'와 같은 애매하고 모호한 이유는 논자의 주장을 든든하게 지지해 주지 못한다. 이것은 논리에 있어 '순환논리의 오류'를 범하고 있다.

② '나는 사형제도 부활을 지지한다. 왜냐면 선진국들이 모두 그러하기 때문이다.'
이 논증은 권위적인 기관에 기대어 자신의 논지를 입증시키는 것이다. 이럴 경우, 논지를 입증하려면, 선진국에서의 사형제도의 부활에 대한 이유와 근거를 찾아내고, '선진국이 모두 그러하기 때문'이 아니라 정확한 통계자료를 가져와야 한다. 그리고 다른 나라들의 실정도 두루 알아봐야 한다.

③ '나는 용병제도를 지지한다. 왜냐면 지금의 시대가 그것을 요구하기 때문이다.'
이 논증은 다수의 의견에 따르는 오류를 범하고 있다. 명심해라. 다수의 오류는 너무나 많다.

④ '나는 그가 무죄라고 생각한다. 왜냐면 그의 얼굴이 너무 순박하지 않은가?'
이는 터무니없는 자신의 직감에 호소하고 있다. 어설픈 직감은 너무나 많다. 이럴 때는 자세히 관찰하고 사실을 파악해야 한다.

논증을 할 때 자신의 주장을 입증할 이유와 근거들이 위와 같은 오류들을 범하지 않도록 점검하고 또 점검해야 한다. 자기 자신의 사고에 한계가 있다고 느끼면 다른 이들의 도움을 구하라. 타인은 내가 볼 수 없는 것을 볼 수 있다. 그들은 여러분의 진정한 스승이다.

### (3) 사례 들기

자신의 주장을 지지하는 이유와 근거가 자신의 주장에 대한 확실한 증거가 된다는 것을 다시 한번 더 친절하게 사례를 들어 보여 주는 부분이다. 사례는 긴장감이 더하는 논증에 있어 일종의 오아시스와 같은 역할을 한다. 왜냐하면 비로소 독자들이 납득할 수 있는 여유로움이 주어지기 때문이다. 독자들은 논지에 보다 쉽게 접근할 수 있는 여지를 발견하곤 안도하고 찬찬히 논자의 논리에 귀를 기울이게 된다. 그리고 강한 어조와 건조한 문체 속에서 그나마 부드러움을 볼 수 있는 지점이기도 하다.

사례의 수는 비평문의 분량에 따라 다르다. 사례는 독자의 흥미를 끌 수 있어야 한다. 그러나 논증이라는 것을 잊지 말아야 한다. 논자는 사례 부분에 와서 비로소 긴 숨을 내쉬기도 하고, 팽팽한 긴장의 두뇌 가동을 잠시 늦추기도 한다.

독자도 역시 마찬가지다. 글은 전체적으로 하나의 주기가 있어야 한다. 즉, 긴장감이 폭발적으로 주어지다가 차츰 약해지고, 완만한 곡선을 그리다가 다시 탄력을 부쳐서 강하게 자신의 주장이 옳음을 상기시키는 것이다. 대상들은 오아시스에서 낙타에게 물을 충분히 먹이고 자신들도 계속해야 할 여정을 위해 비어 있는 수통에 물을 채우고, 음식을 준비한다. 아직 정점에 도달하지는 못했다. 계속 가야 할 도로 위엔 반론이 도사리고 있다. 이는 사뭇 롤러코스터(roller coaster)를 타는 것과 같기도 하고, 스핑크스의 수수께끼를 푸는 오이디푸스 같기도 하다. 왜냐하면 왕을 살해하고 나니 이제는 스핑크스가 기다리고 있으니 말이다.

사례는 비평문의 독자층에 따라 다르겠지만, 쉽게 납득할 수 있는 것으로부터, 전문영역에까지 범위가 넓으면 더욱 설득력이 높다.

### (4) 반론

논자 자신의 주장에 예상되는 반론을 적는 부분이다. 이때는 기존의 논증에서 반론을 가져올 수도 있고, 논자 자신이 예상되는 반론을 스스로 적을 수도 있다.

이때 논자는 자신의 주장과 반대되는 반론을 여러 각도에서 다양하게 수집해야 하고, 그중 가장 적절한 것을 선택해 적어야 한다.

논자와 주장이 다른 반론은 논자 자신의 주장만큼 중요하다. 다른 주장을 하는 논자도 그 반론을 펼칠 만큼 확고한 신념이 있어 글을 쓴 것이다. 논자는 자신과 다른 논자의 논지를 존중할 줄 알아야 한다.

**〈예1〉**

다음의 글은 엔트로피에 관한 글이다. 교재 뒷면 '참조'를 읽어 보고 난 후, 본문을 읽어 보면 이해하기가 쉬울 것이다.

엔트로피 법칙은 열역학 제2 법칙이다. 우주 안의 모든 것은 일정한 구조와 가치로 시작해서 무질서한 혼돈과 낭비의 상태로 나아가며, 이 방향을 거꾸로 되돌리는 것은 불가능하다. 엔트로피란 우주 안에서 어떤 시스템에 존재하는 유용한 에너지가 무형한 형태로 바뀌는 정도를 재는 척도이다. 엔트로피 법칙에 따르면, 지구상이건 우주건 어디서든 질서를 창조하기 위해서는 더 큰 무질서를 만들어 내야만 한다.

……

엔트로피 법칙은 역사가 진보의 과정이라는 가설뿐만 아니라 과학과 기술이 질서 있는 세계를 창조할 것이라는 가설을 파괴한다.

……

이 법칙의 마력은 모든 것을 포괄한다는 특징에 있다. 이 법칙은 현대 세계를 지배하는 진리를 파괴해 버린다. 그 진리들은 한때 우리에게 안전과 질서의 환상을 심어 주었다. 그러나 이제 그 진리들은 기괴한 거짓말로 전락했고, 우리의 존재를 위협하고 있다.

……

엔트로피 법칙은 너무도 오랫동안 세상을 지배해 온 무수한 거짓의 가면을 벗기고 폐기한다.

……

그것이 엔트로피 법칙이 해야 할 임무이며, 이 과정에서 우리는 해방감이 가져다주는 안도감을 만끽할 수 있다. 동시에 큰 걱정에 휩싸인다. 과연 새로운 엔트로피 패러다임이 어떤 질서를 창출할지 모르기 때문이다.

……

……

벌써 세계 각국의 학자들은 새로운 엔트로피 패러다임의 윤곽을 그리기 시작했다. 몇 년이 지나면 모든 학문의 기준이 새로운 엔트로피 개념에 따라 천지개벽을 겪을 것이다.

……

정치가들은 에너지에서 군비축소에 이르기까지 다양한 이슈에 대해 엔트로피의 중요성을 역설할 것이다. 신학자들은 엔트로피 패러다임에 근거하여 성서에 대한 새로운 해석을 내놓을 것이다.

……

이러한 모든 일이 몇 년 안에 일어날 것이다. 변화는 거기서 그치지 않을 것이다.

……

……

그러나 한편에서는 엔트로피 법칙이 어떠한 예외도 없이 세상의 모든 물리현상을 지배한다는 사실을 완강하게 부인하는 사람들도 있을 것이다. 이들은 엔트로피 과정이 단지 몇몇 경우에만 적용되며, 따라서 이를 사회 전체에 광범위하게 적용하려 한다면 그것은 단순한 비유에 지나지 않을 것이라고 고집할 것이다.

그러나 이러한 견해는 극히 단편적이라 할 수 있다. 열역학 법칙들은 세상에서 벌어지는 모든 물리적 현상을 지배하는 과학적인 틀을 제공한다. 노벨상을 받은 화학자 프레데릭 소디(Frederick Soddy)의 말대로 열역학 법칙들은 "궁극적으로 정치체제의 흥망, 국가의 성쇠, 상공업의 변화, 부와 빈곤의 원천 그리고 인간 모두의 물질적 복지 등을 좌우한다." 인간이 행하는 모든 물리적 활동은 열역학 제1 법칙의 형태로 표현된 철칙에 철저히 지배된다.

출처: Rifkin(2008 : 21~23).

앞의 글을 보면 논자는 "이 법칙의 마력은 모든 것을 포괄한다는 특징이 있다. 이 법칙은 현대 세계를 지배하는 진리를 파괴해 버린다."라고 주장한다.

반론은, 한편에서는 "엔트로피 법칙이 어떠한 예외도 없이 세상의 모든 물리현상을 지배한다는 사실을 완강하게 부인하는 사람들도 있을 것이다"이다. 반론을 펼치는 논자는 "엔트로피 과정이 단지 몇몇 경우에만 적용되며, 따라서 이를 사회 전체에 광범위하게 적용하려 한다면 그것은 단순한 비유에 지나지 않을 것이다"라는 것이다.

그러자 논자는 이 반론에 대한 반론을 다시 펼친다. "이러한 견해는 극히 단편적이라 할 수 있다. 열역학 법칙들은 세상에서 벌어지는 모든 물리적 현상을 지배하는 과학적인 틀을 제공한다. 노벨상을 받은 화학자 프레데릭 소디(Frederick Soddy)의 말대로 열역학 법칙들은 궁극적으로 정치체제의 흥망, 국가의 성쇠, 상공업의 변화, 부와 빈곤의 원천 그리고 인간 모두의 물질적 복지 등을 좌우한다. 인간이 행하는 모든 물리적 활동은 열역학 제1 법칙의 형태로 표현된 철칙에 철저히 지배된다"라며 다시 한번 전문가의 말을 빌려 자신의 주장을 강조한다.

앞의 글에는 주장과 반론, 그리고 반론에 대한 반론이 나와 있다.

〈예2〉

다음은 '해상풍력 발전소 건립반대에 관한 글'이다. 이 글을 참고로 하여 '해상풍력 건립 반대 혹은 찬성'에 대한 개요를 짜 보자.

다음의 글은 2020. 09. 16.『어업 in 수산』에 실린 '해상풍력, 바다 곳곳에서 유발'이라는 제목의 이명수 씨의 글이다. 이 글은 해상풍력의 폐해에 대해 상세히 얘기하고 있다.

출처: Google. Image.

글의 첫머리는 해상풍력은 육상풍력 피해의 방패막이로 사용되며 이는 "안될 말"이라는 것이다. 그러면서 '바다 훼손을 검증할 종합적 · 체계적 시스템 구축이 필요함'을 강조하고 있다.

이명수 씨는 전문가들의 말을 빌려 해상풍력의 "환경영향은 육상보다 더 다양"하다고 주장한다. 그는 "해상풍력이 해양환경과 수산자원에 나쁜 영향을 미친다는 건 팩트다."라고 하며, 이미 육상풍력에서도 소음과 진동, 경관 훼손 등으로 민원이 야기되고 있는 것 자체로 풍력의 폐해는 검증돼 있다고 하며, 현재 이 육상 폐해를 해상풍력으로 이전시켜 방패막이로 삼는 시도가 이어지고 있다고 보고 있다. 그래서, 어업인들은 육상은 안되고 해상은 된다는 이분법적 해상풍력은 '안될 말'이라며 반발하고 있다는 것이다.

글의 내용에 따르면, 해상풍력은 직접적으로 사람에게 영향을 줄 가능성은 적지만 환경에 미치는 영향은 더 다양하다는 것이 전문가들의 시각이라는 것이다. 즉, 해상풍력은 해류나 조류의 변화, 어류나 해양포유류에의 영향 등 생태계 변화를 가져올 수밖에 없으며, 이러한 변화는 해상풍력 준비단계부터 가동까지 곳곳에서 드러난다고 한다.

이명수 씨는, '해상풍력발전의 환경적 · 경제적 영향 분석', '국외 모니터링 사례를 통한 해상풍력발전의 환경적 영향 고찰' 등 전문가들의 연구자료에 따르면 해상풍력 폐해는 다양하다고 한다. 그리고 해상풍력발전단지 건설 준비단계인 발전대상지 확정을 위한 조사 활동에서부터 폐해는 나타나며, 해상풍력발전 단지 건설 단계에서는 대상 지역의 동식물 상이 제거되고 주변 지역도 부유토사 등으로 서식지가 훼손된다고 한다. 그리고 장기적으로는 시설물이나 바람의 변화에 따라 퇴적물의 이동과 퇴적에 변화가 생기거나 오염물질이 재부유되는 등의 변화가 생길 우려가 있다고 한다.

글의 내용은 덧붙여, "전문가들은 공사에 투입되는 건설장비나 말뚝 등의 시공과정에서 소음과 진동의 문제는 짚어 봐야 한다."라는 것을 지적하고 있으며, 소음은 청력 한계치를 넘는 경우 속귀(내이)를 손상할 수 있으며 어류 행동방해를 가져올 수 있다고 한다. 해상풍력발전단지 건설 시 가장 큰 소음의 영향력은 풍력터빈발전기의 지주설치를 위한 지주박음행위로부터 야기되는 것으로 알려져 있으며, 이 작업기간 동안 작업의 수 미터 범위에서 어류의 청력손실과 헤엄치는 방향변화 등 행동방해 반응을 보인다고 한다.

그리고 진동은 어류에 생리학적 및 행동적 변화를 야기할 뿐만 아니라 직접적으로 물리적 피해를 가져온다고 한다. 진동에 노출된 어류에 나타나는 스트레스 반응으로는 심장박동의 변화, 스트레스 단백질의 생성과 산소생성조정 등을 들 수 있으며 특히 가자미류가 진동에 취약한 것으로 밝혀졌다고 전한다. 진동은 해저와 계속적 연계를 둬야 하는 넙치류 등 편평어(flatfish)의 산란과 먹이 공급에 영향을 준다고 한다.

이명수 씨는 결론적으로 소음과 진동이 발생하는 공간에 있는 저서생물이나 유영생물은 모두 영향을 받는 것으로 보인다고 하며, 이는 해상풍력 건설과정에서 어류의 서식지 파괴로 이어진다고 깊은 우려를 표한다.

그의 우려를 더 깊이 들여다보면, "부지 작업, 지주 작업, 발전용 터빈 설치, 케이블 준설 등 건설작업은 저생생물과 어류의 서식지를 제거하거나 기존의 서식 조건을 방해할 수밖에 없다. 건설작업이 민감한 공급 또는 산란지역에서 이루어질 때 이들 작업은 개체류 번식에 영향을 미치는 것과 같은 높은 수준의 영향을 미치게 된다. 건설과정에서 일어날 사고와 빈번한 선박 통행으로 기름, 폐기물 유출 등 해양 오염원이 발생한다. 해상풍력발전 단지 운영 단계에서는 시설물의 도료 등 화학물질 유출 문제가 있다. 해상풍력 시설 녹 방지를 위한 방오도료 사용은 시설물 주변의 해역에 있는 생물은 물론 해류를 따라 흘러내려 가면서 넓은 영역에 있는 생물들에게 악영향을 줄 수 있다. 전자기장의 발생도 초래된다. 전력선에서 발생한 자기장은 특히 지구 자기장을 활용해 이동하는 어류나 해양포유류에게는 교란 요인이 될 수 있다. 이처럼 적잖은 해상풍력 폐해가 나타나고 있는 데에 따라 이에 대한 종합적이고 체계적 검증시스템을 구축할 필요가 있다. 해상풍력 추진의 가늠자이기 때문이다."라고 자세히 설명하고 있다.

또한, 이명수 씨는 해상풍력은 무엇보다 적잖은 어장 상실을 가져온다고 주장한다. 이는 기존 어업 관행의 변화도 야기한다고 한다.

그리고 그는 무엇보다도, 정부가 2030년까지 재생에너지 발전량을 20%(63.8GW)까지 확대 추진하면서 해상풍력 보급 목표를 12GW로 세워 놓고 있다면서, 발전시설 반경 500m가 항행 금지구역으로 통항에 제한을 받는데, 정부 목표대로라면 여의도 약 1,000배 면적(2,800㎢)이 통항할 수 없다고 말한다. 사실상 어업인들의 생계 터전인 어장이 상실되는 셈이라고 한다.

어업 관행의 변화와 관련해서는 그물 찢김과 선박 충돌 등 조업위험과 어류개체군 변화에 따른 조업방식 변경, 조업지 축소 등이 수반된다. 발전시설지역에서는 조업과 항행이 불가능해 기존 조업지 상실 등으로 인한 수입 감소로 경제적 타격이 불가피하다는 것이 이명수 씨의 의견이다.

**〈개요의 예〉**

주장: 나는 해상풍력발전의 건립에 반대한다.
이유와 근거: 직접적으로 사람에게 영향을 줄 가능성은 적지만 환경에 미치는 영향은 더 다양하다.
사례: (개인의 경험, 혹은 통계자료, 학술자료들 등)
반론: 지역발전을 위해선 해상풍력발전이 필요하다.
이유와 근거: 육지에서 멀리 떨어진 곳이라 전기를 자체 보급할 수밖에 없다.
반론에 대한 반론: 해상풍력은 전기생산에 있어 아주 미미한 역할밖에 못 한다.
사례: (통계자료, 학술자료들, 외국의 자료들 등)

주의할 점은, 위의 글을 보면 사례에 '통계자료'가 나온다. 이는 우리가 자칫하면 속아 넘어가기 쉬운 '논리의 허점'이다.

마이클 위디(Michael Withey)는『일상생활의 무기가 되는 논리 수업』에서 '논리의 허점'에 대해 얘기하고 있다. 여기에서 그는 논자들이 자기의 주장을 입증하기 위해 '편향된 표본'을 쓰기도 하고, 엉터리 논증을 감추기 위해 통계자료를 이용하기도 한다는 것이다. 때로 논자는 자신의 논증을 엄격한 것처럼 보이기 위해 숫자를 끌어들이기도 한다며, 이러한 엉터리 통계는 '편향된 표본'이나 '기저율' 같은 다른 오류를 포함하고 있다고 한다. 때문에, 통계자료를 인용할 경우나 자신이 통계자료를 내어놓을 때는 오류를 범하지 않도록 해야 한다.

예를 들어, 기저율은 어떤 요소가 통계적으로 전체에서 차지하는 기본 비율을 말하는데, 기도나 혹은 대체의학으로 암이 호전될 기저율이 5%라고 한다. 그러면 통계에 근거하여 보면, 환자 400명 중 20명은 저절로 좋아진다는 것이다. 그러므로 어느 단체에서 "작년만 해도 우리 단체에서 기도로 20명의 암환자가 치유되었어요!"라는 것은 실제 암을 치료하는 데 기도가 효과적이라고 말할 증거는 없다는 것이다.

출처: Withey(2020 : 141~142).

**활동**

앞의 글을 읽고, 글쓴이의 주장, 이유, 사례, 반론, 재주장 등으로 나누어 보자.

..........................................................................................

..........................................................................................

..........................................................................................

..........................................................................................

..........................................................................................

..........................................................................................

..........................................................................................

..........................................................................................

..........................................................................................

..........................................................................................

..........................................................................................

..........................................................................................

..........................................................................................

..........................................................................................

### (5) 반론에 대한 반론

논자의 주장에 제기된 반론에, 논자가 이유를 대면서 다시 자신의 주장이 옳음을 주장하는 부분이다. 물론 제기된 반론에 대해 논자가 사례를 들면 논자의 주장이 훨씬 강해진다. 이때 다른 논자의 글을 가져와도 되고, 아니면 자신의 논문에서 자신의 글을 가져와도 된다. 역시 출처는 정확히 밝힌다.

예를 들면, 이렇게 표현할 수 있다. "그러나 나는 이러한 반론에 대해 다음과 같이 반론하고자 한다." 혹은 "이 반론에 대한 반론으로서…. 사례를 들어 설명하고자 한다." "이 반론에 대해서는 이미 옳지 않다는 것이 증명되었다. 여기에 관한 논문으로서는…. 의 논문이 있다." 등으로 반론을 펼칠 수 있다.

### (6) 재주장

"그러하므로 나는 이 반론을 지지할 수 없으며, 본 논자의 주장이 옳음을 다시 강조하고자 한다.", "이렇게 반론을 제기하는 사람들이 있지만, 논자가 보기에는 주장에 대한 이유와 근거가 부족하고, 사례는 납득하기도 어렵다. 따라서 본 논자는 이 반론에 대해 반대하며, 본 논자의 주장이 옳음을 다시 한번 강조하고자 한다." 등으로 나타낼 수 있다.

### (7) 제언

논자의 주장이 옳음을 인정하면서, 다른 대안도 제시해 보는 부분이다. 대개 글의 끝부분에 해당한다. 제언은 꼭 써야 할 필수사항은 아니다.

### (8) 고쳐쓰기

글쓰기는 고쳐쓰기가 가장 중요하다. 왜냐하면 글의 완성도가 여기서 결정되기 때문이다. 초고를 완성한 후 그 글의 내용을 다듬는 것을 퇴고라고 한다. 퇴고는 초고를 반복해서 읽으면서 글을 고쳐쓰는 과정이다. 이처럼 글은 퇴고의 과정까지 거쳐야 비로소 한 편의 글로 완성된다. 퇴고는 글 전체를 문장별, 문단별, 맞춤법 등 세부 사항까지 빠짐없이 수정하는 과정을 거쳐야 한다.

글 고치기를 할 때는 고려해야 할 몇 가지 사항이 있다.

첫째, 첨가의 원칙이다. 글의 초고를 읽었을 때 중요한 부분을 빠뜨렸거나 주제를 뒷받침하기에 내용이 부족한 부분 등이 있으면 이를 보충하는 과정이라고 할 수 있다.

둘째, 삭제의 원칙이다. 이는 첨가의 원칙과 반대로 초고에서 불필요한 부분이나 전체 문맥과 맞지 않는 부분 등 글 전체의 통일성을 고려할 때 꼭 필요하지 않은 부분을 삭제하는 과정이다.

셋째, 구성의 원칙이다. 글의 주제를 명료하게 잘 드러내고 있는 구성인지 확인하고 전체적인 구성이 명료하지 못하면 문장, 문단 등을 재구성하고 글의 전개 방식을 재배열하는 과정이다.

넷째, 교정의 원칙이다. 맞춤법 점검, 단어 사용의 적절성, 오탈자 유무, 외래어나 외국어 남용, 올바른 문장 부호 표기법, 문장의 주술 호응성, 문장의 모호성 등을 점검하고 다듬는 과정이다.

출처: 최려원 외(2020).

글 고쳐쓰기 과정에서 또 하나 중요한 점은 글쓴이가 자신의 글을 객관적으로 볼 수 있도록 노력해야 한다는 것이다. 자신이 글을 썼기 때문에 글 전체 구성이나 심지어 오자, 탈자, 띄어쓰기 등이 잘못되어 있어도 눈에 쉽게 잘 들어오지 않는다. 초고를 완성한 후 바로 글 고쳐쓰기를 하지 말고 한동안 글을 덮어놓고 전혀 다른 새로운 활동을 하면서 글에 대해 잠시 잊고 글과 거리 두기를 할 필요가 있다. 그 후 초고를 소리 내어 읽으면 초고 완성 즉시 글을 볼 때에 비해 전체 구성에서 미흡한 점이나 고쳐야 할 부분들이 눈에 잘 띄게 된다.

또 한 가지 방법으로 주변에 친한 친구나 가족들에게 글을 한번 읽어 보고 주제에 대해 이해가 잘 되는지 글의 전체적인 구성이 통일성과 완결성을 갖추고 있는지를 점검받는 것도 좋다. 물론 이때는 전체적인 글의 구성뿐 아니라 단어, 문장, 문단까지 점검받아야 한다.

글 고쳐쓰기에서는 세세한 부분을 점검하고 다듬는 것도 중요하지만 더 중요한 점은 글의 전체적 흐름이 주제나 글의 목적을 명료하게 드러내도록 짜임새 있게 잘 전개되고 있는가이다. 독자들이 글을 읽는 목적은 그 글이 전달하고자 하는 핵심 주제와 내용을 알고자 하는 것이 더 크다. 따라서 글을 고쳐 쓸 때도 전체적인 글의 흐름을 먼저 파악하고 점검한 후 재구성할 수 있는 노력을 먼저 하고 문장 같은 세부적인 사항을 다듬는 것이 중요하다.

다음은 비평문을 쓰고 고쳐쓰기를 할 때 고려해야 할 사항이다.

① 자신의 주장이 명확하게 드러나는가?
② 이유와 근거는 설득력이 있으며, 주장을 정확하게 뒷받침하고 있는가?
③ 사례들은 적절한가?
④ 반론을 적절하게 배치했는가?
⑤ 반론에 관한 사례들은 적절한가?
⑥ 반론에 관한 반론을 설득력 있게 펼쳤는가?
⑦ 모든 문장과 문단들은 주장(결론)을 향해 배열되어 있는가?
⑧ 문장에 오자, 탈자는 없는가?
⑨ 문장이 문법적으로 올바른가?

글쓰기가 마무리되었으면, 처음부터 글을 쭉 읽어 내려가면서, 위에 제시한 아홉 가지를 점검한다. 덧붙여 언어는 일정한 리듬을 가진다. 소리 내어, 혹은 마음속으로 읽어 보고 단어나 문장의 리듬을 맞춘다. 그리고 글 전체가 하나의 큰 주기를 형성하고 있는가도 점검한다. 글도 일단 완성되고 나면 생명력을 가진다. 따라서 인생의 주기처럼 생, 노, 병, 사를 가진다. 즉, 기, 승, 전, 결일 수도 있고, 아니면 또 다른 전개 과정을 가질 수도 있다.

덧붙여 글을 쓸 때 유의할 점에 대해 말하고자 한다. 이는 비평문에만 해당하는 것이 아니다. 글에서 모든 문단은 글 전체의 주제와 관련성이 있어야 하며, 주제를 중심으로 배열되어야 한다. 만약 글쓴이가 주제와 상관없는 문장이나 문단을 전개하면, 글의 일관성과 연결성이 무너져서 글쓴이가 전달하고자 하는 주제가 흐려지고 독자들은 글을 이해하는 데 어려움을 겪는다. 독자에게 중심 생각을 정확하고 명쾌하게 전달하고자 한다면 문단과 문단 간의 연결성과 통일성도 유지해야 한다.

**활동**

제목: '알렉산드로스 대왕과 마더 콤플렉스 mother complex'에 대해 논증적인 글을 써 보자.

- 우선 자료를 모은다. 그리고 마더 콤플렉스를 조사한다. 그런 후 알렉산드로스 대왕과 마더 콤플렉스의 연관관계를 찾는다. 여기에 관해서는 영화도 있고, 책도 많고, 인터넷 자료도 풍부하다.

주장

..........................................................................................

..........................................................................................

..........................................................................................

..........................................................................................

..........................................................................................

..........................................................................................

주장에 대한 이유와 근거

..........................................................................................

..........................................................................................

..........................................................................................

사례

반론

반론의 이유와 근거

반론에 관한 사례

반론에 대한 반론

..........................................................................................

..........................................................................................

..........................................................................................

..........................................................................................

..........................................................................................

재주장

..........................................................................................

..........................................................................................

..........................................................................................

..........................................................................................

..........................................................................................

## 3) 논증 시사 표현

논증적인 글을 쓸 경우에 독자가 보다 이해하기 쉽게 이유나 근거, 결론을 시사하는 표현을 쓸 수 있다. 그리고 이러한 결론 및 이유 시사 표현들을 사용하면 독자들이 좀 더 쉽게 이해할 수 있다.

논증의 언어: 논증 시사 표현

(1) 자기의 주장을 나타낼 때 다음과 같은 표현을 사용한다.
'내 생각/견해/주장은 …이다', '나는 …라고 확신한다', '증명할 수는 없지만 나는 …이라고 믿는다', '사실은 …이다/인 것 같다.'

(2) 때로 가정을 하고 있다는 사실을 인식하고, 다음과 같은 말로 그 사실을 드러내기도 한다.
'나는 …라는 가정을 하고 있다.', '이것은 …을 전제로 한다.'

(3) 결론의 이유를 제시한다는 사실을 드러내기 위해 '왜냐하면 ….', '이유는 ….', '…라면 ….'과 같은 일반적 표현을 사용하기도 하지만, 때로 이유의 성격이나 이유가 결론을 어떻게 뒷받침하는지를 드러내기 위해 다음과 같은 표현을 쓰기도 한다. '증거는 …이다/…를(을) 함축한다.', '유사한 추론에 의해 (또는 같은 이치로) ….', '예를 들어 ….', '내 경험에 따르면….', '이 방면의 전문가들은 …라고 말한다.', '전문가들은 …라고 믿는다.'

(4) 인과적 설명에 의한 추론을 할 경우, 때로 이를 나타내기 위해 다음과 같은 표현을 사용한다.
'…는 왜 …인지를 설명해 준다.', '이것이 바로 …인 이유이다', '원인은 …이다.'

(5) 무언가를 분명히 하거나 해석할 경우, 다음과 같은 표현을 쓰기도 한다. '명확하게 한다면 ….', '내 말은 ….', '가령 ….', '이와 대조적으로 ….', '…라고 정의해 보자.'

(6) 무언가를 추론할 경우, 다음과 같은 표현을 사용해 그 사실을 드러내 주기도 한다. '나는 …라고 추론한다/를 끌어낸다/라고 결론 짓는다.', '…는 …을 함

축한다/시사해 준다/라고 생각하게 해준다.'

(7) 주장을 평가하는 데는 여러 가지 방식이 있으며, 이 경우 다음과 같은 표현을 쓰기도 한다. '…는 참이다/그럴듯하다/거짓이다.', '…는 공정하다/편향되어 있다.', '…는 간단하다/지나치게 단순화되어 있다.', '…는 믿을 만하다/믿기 어렵다.', '…는 …라는 입장을 잘못 나타내고 있다/제대로 나타내고 있다.', '…는 주관적이다/객관적이다.', '…는 모호하다/부정확하다/애매하다.', '…는 받아들일 만하다/받아들일 만하지 않다.

(8) 어떤 견해를 제대로 뒷받침하고 있는지 평가할 때 대개 다음과 같은 표현을 사용한다. '…는 …을 입증해 준다/정당화해 준다/뒷받침해 준다/…는 …와 일관적이다/…는 …와 상충한다/…는… …와 관련이 있다/별 관련이 없다/무관하다.', '…는 강하게/약하게/효과적으로 …을 뒷받침해 준다/반박해 준다.'

출처: Fisher(2010 : 46).

그러나 이러한 시사표현이 나온다고 해서 반드시 이유가 나오고, 근거가 제시되고 결론이 나온다는 것은 아니다. 다만 이러한 시사표현은 이유와 근거, 결론을 시사해 주는 중요한 단서가 된다는 것이다.

결론에 이유가 주어지는 것이 논증이므로 결론 시사 표현과 이유 시사 표현을 같이 논증 시사 표현이라고 한다. 그러나 이러한 시사표현이 나온다고 해서 반드시 이유가 나오고, 근거가 제시되고 결론이 나온다는 것은 아니다. 다만 이러한 시사표현은 이유와 근거, 결론을 시사해 주는 중요한 단서가 된다는 것이다. 그리고 결론에 이유가 주어지는 것이 논증이므로 결론 시사 표현과 논증 시사 표현이 같이 있을 때, 논증 시사 표현이라고 한다.

**활동**

다음 글을 읽고, 논자의 주장, 주장을 뒷받침하는 이유, 그리고 논증 시사 표현 등을 알아보자.

분노의 원인은 자신에게 있다. 화가 났을 때, 어떤 대상에 대해 분노가 일어나 걷잡을 수 없을 때는 자기 자신을 깊이 들여다보라. 거기에는 반드시 자기 내면의 충족되지 못한 사랑의 결핍이 도사리고 있다.

그러나 우리는 이 분노가 자신의 것인 줄을 모르고, 무의식 중에 타인에게 투사한다. 그리고선 온갖 치사한 이유를, 혹은 굉장히 그럴듯한 교양 있는 이유를 대면서 타인을 비난한다. 왜냐하면 이 분노의 이유가 자신에게 있다는 것을 모를뿐더러 혹 어느 정도 알더라도 도저히 용납할 수 없기 때문이다. 또 그래야 자신이 잘못이 없는 깨끗한 사람이라고 생각되기 때문이다. 그래서 우리는 타인을 비난하며 분노를 터뜨리는 것이다. 이는 일종의 강력한 자기방어이다.

1. 분노의 원인은 무엇인가?

..............................................................................................

2. 우리는 타인에게 분노를 투사하는가?

..............................................................................................

..............................................................................................

3. 분노를 투사하는 심리기제는?

..............................................................................................

## 활동 1

다음의 글은 청소년기에 성격의 변화가 급격히 일어난다는 하나의 가설이다. 이 글의 주제, 즉 논자가 주장하는 바 즉, 논지는 무엇이며, 주장에 대한 근거는 무엇인가를 알아보자.

나는 또래 집단의 경험이 훗날 드러나는 문제들의 실제 원인이 된다고 볼 수 있는 몇 가지 증거를 발견했다. 타고나기를 작게 태어났거나 성장 속도가 좀 늦어 동갑내기보다 키가 작은 아이들을 생각해 보자. 키가 작은 아이들은 (특히 남자아이들의 경우에) 또래들 사이에서 낮은 자리를 차지하는 경향이 있다. 작다는 것 외에는 이들이 다른 아이들의 주의를 끌지 못할 이유는 딱히 없고, 작다는 이유로 부모로부터 무시를 당하는 아이는 아마 없을 것이다. 오리려 부모들은 키 작은 자식을 감싸 주기도 한다. 하지만 그럼에도 불구하고, 키 작은 아이들은 큰 아이들에 비해 자존감이 낮고 많은 심리적 문제들을 가진 경우가 많다.

나이가 들면서 키가 많이 자란다고 해도 키가 작았을 때 가졌던 심리적 문제들은 쉽게 사라지지 않는다. 한 심리학자는 남자아이 집단을 성장 속도에 따라 둘로 나누어 어른이 된 이후의 상황을 추적해 보았다. 성장이 느린 아이들은 유년기와 청소년기 내내 다른 아이들보다 작았지만, 어른이 되고 나서는 거의 따라잡아 빨리 성장한 아이들의 평균 키보다 불과 0.5인치 작은 정도까지 자랐다. 하지만 성격의 흔적은 여전히 남아 있었다. 일찍 자란 사람들은 침착하고 자신감 있는 성격을 지니며 더러는 성공적인 회사 중역이 되기도 했다. 반면 성장이 늦은 사람들은 자신감이 부족하고 '까다롭고', '관심을 갈구하는' 성향이 되기 쉬웠다.

출처: Harris(2017 : 270).

1. 논자의 논지는 무엇인가?

……………………………………………………………………………………

2. 논지의 근거는 무엇인가, 예를 들어 입증하세요.

……………………………………………………………………………………

……………………………………………………………………………………

## 활동 2

아래의 글은 프로이트의 이론에 대한 반론의 글이다. 논자의 주장은 무엇이며, 그 근거는 무엇인가?

양육가설의 진정한 창조주를 꼽자면 역시 지그문트 프로이트이다. 성인이 지닌 심리적 병리현상의 원인을 그의 어린 시절에서 찾게 하고 그들의 부모에게 책임을 지우는 이 잘 짜인 허구적 시나리오를 창조한 인물이 바로 프로이트일 것이다. 프로이트의 이론에 따르면 부모 두 사람의 성이 서로 다르다는 것만으로도 아이들은 말할 수 없는 갈등을 경험한다. 그 존재 자체로 말이다. 이런 갈등은 모든 사람이 불가피하게 그리고 공통적으로 겪을 수밖에 없다. 부모가 아무리 세심하게 신경을 쓰더라도 이러한 갈등을 막을 수 없을뿐더러 상황을 나쁘게 만들기 일쑤다. 사내아이들은 모두 오이디푸스 콤플렉스를 경험하고 여자아이들은 모두 그런 비스름한 것을 여자 버전으로 경험한다. 그리고 아이가 만나는 생애 최대의 위기인 젖떼기와 배변 훈련은 아버지와는 관계가 없고 어머니에게 책임이 있다.

프로이트의 이론은 20세기 중반까지 선풍적인 인기를 끌었고, 그 결과 베자민 서폭(Benjamin Spock) 박사의 유아 돌봄에 관한 유명한 책 『The Common Sense Book of Baby and Child Case』에까지 프로이트 이론이 다음과 같이 투영되어 있다.

부모들이 서로의 것이며 아들은 어머니를, 딸은 아버지를 소유할 수 없음을 아이들에게 부드럽지만, 분명히 보여 줌으로써 아이가 이 낭만적이면서도 질투심이 가득한 정신적 성장단계를 잘 넘길 수 있다.

출처: Harris(2017 : 42).

1. 이 글의 논지는?

..........................................................................................................

2. 생리정신사회적 Biopsychosocial 에 대해 기술하세요.

..........................................................................................................

..........................................................................................................

## 5. 글쓰기의 윤리

논자는 자신의 주장이 옳다는 것을 입증하기 위해서 때로는 권위 있는 전문가가 쓴 책의 내용을 빌려 올 수도 있고, 권위 있는 기관의 사이트에 실린 논문, 학술지 등에서 글을 빌려 올 수도 있다. 이때 반드시 지켜야 할 사항이 인용표기이다. 만일 인용표기를 하지 않는다면 그것은 표절에 해당되며, 저작권 위배에 해당될 수도 있다. 물론 지금은 표절 정도를 점검하지만, 그 전에 글 쓰는 이는 다른 이의 글을 빌려 올 때의 예의를 배워야 한다.

특히 긴 논증을 할 때, 아주 전문적인 글을 쓰게 되는데, 그때 선행연구를 발판으로 자신의 연구를 더욱 단단히 입증하게 된다. 이럴 경우, 그 선행논문이 신뢰성이 있는지 꼭 확인해 보고 인용을 해야 한다. 그리고 전문가의 글이라고 반드시 신뢰할 수 있는 것은 아니다. 인용하기 전에 인용하려는 내용을 꼼꼼히 점검해야 한다.

가령, "독도에 관한 이러이러한 연구 논문들이 이미 있었고, 학회에서도 수없이 발표되었는데, 이러한 연구 논문들을 살펴볼 때 독도는 원래 그대로의 명실상부한 한국의 영토라는 결론에 도달한다."라고 할 때, 반론의 여지를 남기지 않기 위해 반드시 역사적 사실 자료들을 검토해 정확하고 명확하게 입증해야 한다.

그리고 이러한 연구 논문들을 가져와 자신의 주장을 입증할 때는 반드시 출처를 밝혀 그 근거를 명확히 해야 한다. 만일 인용한 연구 논문과 사적 자료들이 오류일 경우, 글쓴이의 주장 전체가 오류가 된다. 왜냐하면 이 논자의 주장(논지)은 이 연구 논문과 인용된 사적 자료에 근거해서 나왔기 때문이다. 따라서 자신의 주장을 뒷받침할 아주 적절한 인용문이 있으면, 그 글이 연구윤리의 부정행위인 날조, 변조, 표절 등에 속하지는 않는지 정확하게 따져 보고 나서 인용해야 하며, 출처를 꼭 밝혀야 한다.

그리고 자기표절도 점검해야 한다. 자기표절(自己剽竊)은 자신이 과거에 쓴 글이나 만든 작품 따위의 일부 또는 전부를 따다 쓰면서 그 출처를 밝히지 않는 일을 일컫는다. 논자가 논지를 이끌어 갈 때 자신의 주장이 옳음을 입증하기 위해 자신의 연구 결과를 내놓을 경우, 연구윤리의 부정행위에 추호도 어긋남이 없어야 한다.

연구윤리의 부정행위에는 다음과 같은 유형들이 있다.

## 1) 연구윤리의 부정행위

### (1) 날조(Fabrication)

날조는 의도적으로 속이겠다는 마음을 가지고 데이터가 존재하지도 않는데 가짜로 데이터를 만들어 내거나 없는 결과를 허위로 만들어 내는 것을 말한다. 즉, 없는 사실을 마치 실제 존재하는 것처럼 꾸미는 행위를 말한다. 이에는 한 주제에 대해 면담을 하지 않고 면담 결과를 작성하는 것, 실험하지 않고 실험 결과를 가상으로 만들어 내는 것, 통계적 유효성을 위해 실제 실험 결과에 허구의 데이터를 추가하는 것 등이 있다.

### (2) 변조(Falsification)

변조는 연구와 관련된 재료, 기기, 과정 등을 인위적으로 조작하거나 데이터를 변형하거나 삭제하는 행위로 연구 결과를 왜곡하는 것을 말한다. 즉, 실제 내용을 바꾸거나 제거하는 등의 과정을 거쳐 연구 결과가 사실과 다르게 반영되도록 하는 행위를 말한다. 예를 들면, 연구자료를 변경하여 실험 결과를 수정하는 것, 연구 기록에서 날짜나 실험과정을 수정하는 것, 통계분석 결과를 왜곡하는 것, 실험에서 사용한 실험방법을 왜곡하여 설명하는 것, 실험 대상 환자 수 등을 실제와 다르게 기재하는 것, 연구 대상이나 연구 방법을 왜곡하여 설명하는 것 등이 속한다.

### (3) 표절

표절은 다른 사람의 연구물이나 작품, 아이디어 등을 인용이나 승인 절차를 거치지 않은 채 도용하는 것을 말한다. 즉, 남의 작품을 자신의 작품인 것처럼 몰래 가져와서 사용하는 행위를 말한다. 미국에서는 표절 판정 기준으로 "동일한 단어가 6개 이상 겹칠 경우"라고 명시하고 있다.

표절을 피하려면 자료를 인용하는 방법을 알아야 한다. 자료 인용은 직접인용과 간접인용의 방법이 있다. 직접인용은 " "을 쓰거나 글자 폰트, 들여쓰기, 줄 간격 등을 다르게 하여야 한다. 간접인용은 풀어쓰기, 원문과 다른 표현 사용, 문장구조 변경을 통해 바꿔 써야 한다.

### (4) 부당한 논문 저자 표시

연구 내용 또는 연구 결과에 학문적, 기술적 공헌이나 이바지를 하지 않은 사람을 저자 명단에 포함시키는 행위를 하거나 반대로 중요한 공헌이나 기여하였음에도 저자 명단에서 제외하는 행위를 말한다.

**연구윤리 확보를 위한 지침(제12조 제1항 제4호) [교육부훈령 263호]**

"부당한 저자 표시"는 다음 각 목과 같이 연구 내용 또는 결과에 대하여 공헌 또는 기여한 사람에게 정당한 이유 없이 저자 자격을 부여하지 않거나, 공헌 또는 기여하지 않은 사람에게 감사의 표시 또는 예우 등을 이유로 저자 자격을 부여하는 행위.

가. 연구 내용 또는 결과에 대한 공헌 또는 기여가 없음에도 저자 자격을 부여하는 경우

나. 연구 내용 또는 결과에 대한 공헌 또는 기여가 있음에도 저자 자격을 부여하지 않는 경우, 지도학생의 학위논문을 학술지 등에 지도교수 단독 명의로 게재 발표하는 경우다.

출처: 최려원 외(2020).

**활동**

다음 글에서 간접인용 부분과 직접인용 부분을 살펴보자.

> 안정 애착이 없이 성장한 사람들에게는 사랑에 필요한 배선이 결여되어 있기 쉽다. 애착 연구자 루이스 코졸리노가 말하듯, 우리의 삶은 적자생존이 아니다. 잘 돌보아진 사람이 생존하는 것이다. "제일 좋은 돌봄을 받은 사람이 제일 잘 생존한다."
>
> 연인을 선택하는 일에서 거듭하여 나쁜 결정을 내려 문제가 많은 연애를 하는 사람들이 계속 같은 실수를 반복하는 것도 동일한 맥락에서 이해할 수 있다. 그들의 동기는 감정적인 만큼이나 생물학적인 것이다.
>
> 남편의 사소한 잘못까지 일일이 탓하는 여자, 아내를 통제하려는 시도를 그만두지 못하는 남자, 그들의 뇌는 애정 어린 안정 애착의 형성에 필수적인 신경회로의 연결을 촉진하는 데 필요한 사랑을 받지 못했다. 그리하여 그들은 똑같은 신경생물학적 결손에 되풀이하여 부딪치고 만다.

출처: Nakazawa(2020 : 214).

'안정 애착'에 관한 글에서 저자 도나 잭슨 나카자와는 첫 문장에 자신의 결론을 말하고 있다. 즉, '안정 애착이 없이 성장한 사람들에게는 사랑에 필요한 배선이 결여되어 있기 쉽다.'가 잭슨의 주장이다.

윗글에서 간접인용 부분은 '루이스 코졸리노가 말하듯, 우리의 삶은 적자생존이 아니다. 잘 돌보아진 사람이 생존하는 것이다.'이며 큰따옴표 (" ") 한 부분이 직접인용 부분이다. 직접인용은 다른 사람의 말과 글을 그대로 인용하는 것으로, 인용부호인 큰따옴표가 들어간다. 간접인용은 다른 사람의 말이나 글을 자신의 말로 바꾸어 적는다.

다음의 간접인용을 보자.

칼 융은 그림자는 우리의 무의식에 있는 어두운 반려자라고 한다. 때문에, 우리는 그림자를 떼어 버릴 수도 없고 그렇다고 항상 데리고 다닐 수도 없다. 여기에 우리의 고민이 있다.

그리고 인용할 부분이 많을 경우, 한 줄을 띄우고 인용 부분을 따로 적는다. 아래에 예가 있다.

**〈예1〉**

죽음에 대한 불교식 가르침의 핵심에 대해 13세기의 유명한 선승 도겐(Dogen)은 다음과 같은 아름다운 설법을 전파했다.

열반에 이르면 삶도 죽음도 다르지 않으며 혐오할 것도 탐할 것도 없다는 것을 깨닫기 시작해야 비로소 속박에서 풀려날 수 있다. 단지 태어나서 죽음으로 향해 가고 있다는 생각은 미몽일 뿐이다. 불교의 시각으로 보면…. 우리는 매 순간 태어나고 죽는 일을 반복하는 중이다.

출처: Kübler-Ross(2010 : 151).

**〈예2〉**

시인은 시대적 상황에 관해 사람들이 말하지 못한 것을 표현한다고 융은 말한다. 또한 그는 『율리시스』에 대해 다음과 같은 말을 하고 있다.

"예술가는 그 시대의 심적 비밀의 확성기다. – 그는 자신이 말하고 있다고 생각한다. 그러나 시대의 정신이 그의 입을 통해 말하는 것이다."

출처: 이부영(2020 : 25).

간접인용 부분은 '… 은(는) … 라고 말한다.'라고 표기되어 있으며, 직접인용은 한 줄 띄우고 인용하고 있다.

## 6. 여러 형태의 논증적인 글
### –비판적 사고로 쓴 글

### 1) OREO 법칙을 적용한 논증적인 글

『150년 하버드 글쓰기 기법』(송숙희, 2018)에서는 OREO 법칙을 소개하고 있다. '오레오'는 Opinion, Reason, Example, Opinion의 첫 글자를 딴 것으로,

Opinion 즉 의견으로 결론인 주장이 먼저 나오고, 그다음 제시된 결론에 대한 이유와 근거가 Reason에서 나오고, Example에서 예가 있고, 다시 한번 더 Opinion에서 의견을 강조하고, 많은 경우 제안(suggestion)을 하기도 한다. 좀 더 자세히 얘기하면,

1단계인 의견 제시하기 Opinion은 논리정연한 메시지를 만들 수 있도록 핵심 내용을 명료하게 다듬은 과정이다.

2단계인 이유들기 Reason은 1단계에서 주장한 의견에 타당한 근거를 들어 증명하는 과정이다. 이 단계에서는 객관적인 수치로 의견이 증명되면 독자는 빠르게 설득된다.

3단계인 사례들기 Example은 예시와 사례로 증명에 쐐기를 박는 것이다. 이유와 근거가 이성에 호소하는 증명방식이라면 예시와 사례는 독자의 마음에 어필하는 것이다.

※ 3단계에서 논자의 사례가 끝난 후에, 반론이 나오고 그 반론의 사례가 나오고, 그 반론에 대한 논자의 반론과 그에 대한 이유와 사례가 다시 제시된다면 글

쓴이의 주장이 더욱 견고해진다.

4단계인 의견 강조하기, 제언하기 Opinion/Offer or Suggestion은 독자에게 끌어내고자 한 반응을 촉구하는 내용을 담는다. 이로써 핵심을 빠르게 전달하는 메시지 만들기가 완성된다.

출처: 송숙희(2018).

### 〈예〉 OREO 법칙 1단계

나는 유해하든 유해하지 않든, 그리고 많든 적든 어느 한 종의 개체에 대한 인위적인 멸절에 반대한다(O). 동물이든 미물이든 모든 생명체는 존재할 이유가 있는 유일무이한 존재이기 때문이다(R1). 니체는 말하기를 이 세상에 필요 없는 것은 하나도 없으며, 이 세상에 필요하지 않은 것은 존재하지를 않는다고 한다. 모두가 필요해서 존재하는 것이다(R2). 예를 들어, 먹이 사슬을 생각해 보자. 만일 우리가 고양이가 기분 나쁜 동물이라 모두 없애 버린다고 하자. 그러면 고양이 먹이가 되는 바로 아래 동물들의 개체 수가 기하급수적으로 늘어날 것이다. 반대로 고양이를 먹이 사슬로 하는 바로 위 단계의 동물들의 개체 수는 기하급수적으로 줄어들 것이다. 전체적으로 생명의 피라미드가 파괴될 것이며, 이는 결국 인간을 위협할 것이다. 모든 생명체는 존재할 이유가 있어서 존재하는 것이다(E). 따라서 인간의 관점에서 한 생명체에 대한 존재 이유를 거론할 수는 없는 것이며, 모든 생명체의 그 자체의 근엄한 존재 이유를 믿기에, 나는 한 종류의 생명체에 대한 인간의 인위적인 멸절에 대해서 반대한다(O).

물론 이 주장에 대한 이론도 만만치 않을 것이다. 그러면 그 반론을 제시하는 사람은 그 반론에 대한 이유와 근거를 제시하고, 사례를 들어 자신의 주장이 옳음을 증명해야 한다.

### 〈예〉 앞의 글에 대한 반론의 논증

나는 유해하든 유해하지 않든 한 개체의 인위적인 멸절에 반대한다는 의견에 반대한다(O). 왜냐하면 이것은 비상식적이기 때문이다(R). 아주 유치한 비유지만, 모기, 파리, 쥐들의 박멸이 자연의 질서를 흩트리는 것이며, 자연의 거대하고 신비스럽고 아름답기조차한 조화를 깨는 것인가?

인류는 부단히 생명을 위협하는 개체들로부터 자신을 보호하며 진화를 계속해 왔다. 페스트균을 박멸했고, 페니실린을 만들었으며, 모기의 성충을 없앰으로써 말라리아와 뇌염으로부터 스스로를 보호해 왔다. 또 맹수로부터 자신을 지켜 왔고, 그리고 오늘날 저 먼 오지에까지 인간의 발자국을 남겼다. 이 모두는 인간이 자신을 지키기 위한 부단한 노력의 결과이다. 그런데 이러한 것들이 모두 인간존재만을 위한 인위적인 멸절이란 말인가? 인간은 존재의 최정점에 존재한다. 인간은 이 정점을 지키기 위해 계속 진화를 거듭해 왔고, 오늘날 이렇게 긴 수명과 지혜를 지닐 수 있는 것이다(E).

따라서 나는 이러한 인류의 부단한 진화를 위해 위협적이고 치명적인 존재들에 대한 박멸은 필요하다고 생각한다(O).

이제, 여러분이 OREO 법칙 1단계를 연습해 보길 바란다. 그룹별로 주제를 정하고 발표한다.

### OREO 법칙 1단계 연습

..............................................................................................................

..............................................................................................................

..............................................................................................................

..............................................................................................................

..............................................................................................................

..............................................................................................................

..............................................................................................................

..............................................................................................................

..............................................................................................................

다음은 OREO 법칙 1단계의 반론을 연습해 보자.

**활동**

활동1에 대한 반론의 글을 써 보자.

다음은 OREPO 법칙 2단계라고 이름을 붙여 보자. 여기에는 자신의 주장을 더욱 더 확고히 하기 위하여 반론이 따라 나온다. 예를 보기로 하자.

## OREO 법칙 2단계

꿈은 낮에 억압된 욕구가 잠자는 동안 잠재의식으로 올라온 위장된 무의식의 시각영상이라고 하는 프로이트의 학설에 나는 찬성한다(주장). 이 억압된 무의식은 잠자는 동안 위장을 하여, 무의식과 잠재의식 사이에 있는 검열관을 속이고 잠재의식에 올라와, REM 수면기에 꿈으로 나타나기 때문이다(이유).

그러나 혹자는 꿈을 그야말로 무의식의 현상 그 자체라고 보는 이들이 있다. 이들은 무의식과 잠재의식 사이에 있는 검열관을 인정하지 않으며, 꿈은 그야말로 무의식의 표현이라고 보는 것이다(반론). 그러나 나는 프로이트의 학설이 맞다고 생각한다. 무의식의 소망들은 너무 적나라해서 꿈속에 그대로 재현되기에는 불가능하다(반론에 대한 반론). 이럴 경우, 상징이 사용되며, 이 상징은 결국 무의식의 교묘한 기술인 위장이기 때문이다(반론의 반론에 대한 이유). 따라서 꿈은 낮 동안 억제된 무의식이 위장하여 시각적으로 펼쳐진 것이라고 하는 데 나는 찬성한다(주장 재강조).

자신의 주장이 나오고, 그 이유를 대고, 그 이유에 대한 반론을 나오고, 그 반론을 반박하고, 반론을 반박하는 이유를 들어, 자신의 주장을 재확인하는 것으로 되어 있다. 그러면 이 변형된 형식을 연습해 보자. 곧 이름하여, OREO 법칙 2단계를 연습해 보자.

......................................................................................................

......................................................................................................

......................................................................................................

......................................................................................................

......................................................................................................

......................................................................................................

여기서 여러분이 깨닫게 될 것이다. 어떤 유형의 글을 쓰기 위해서는 그 내용에 대해 전문적인 지식이 있어야 한다. 그것도 확고한 지식이어야 한다. 만일 여러분이 자신이 쓰려는 글의 내용에 대해 전문적인 지식이 없다면, 여러분은 결코 어느 관점에 대해 자기의 생각을 적을 수 없을 뿐만 아니라, 만일 정확한 지식이 아닐 땐, 사실 읽을 가치조차 없는 글이 된다. 논증은 정확한 지식과 그 지식에 대한 자신의 신념이 필요하다. 그렇지 못하다면 글을 쓰지 않는 것이 오히려 더 양심적이다. 궤변을 늘어놓고 자신도 독자도 이해할 수 없는 이유를 갖다 대는 것이 논증이 아니다. 자신이 알고 있는 것에 대해 그리고 거기에 대해 확고한 신념이 있어야 한다.

## 2) PREP 법칙을 적용한 논증적인 글

또 다른 유용한 글쓰기 형식은 임재춘의 『쓰기의 공식 PREP』에 있는 PREP 공식이다.

쓰기의 공식 RPREP (프렙)은 정보를 다음과 같이 배열한다. 이렇게 배열하는 것을 프렙 문단 1형식이라 한다.

- P(Point): Main Idea
- R(Reason): Major Details
- E(Example): Minor Details
- P(Point): Main Idea

자세히 설명하면, P(Point)에서는 핵심 내용인 주장을 쓴다. 주장 대신 주제가 나와도 된다.

R(Reason)에서는 주장을 뒷받침하는 근거로 이유를 제시한다. 이유나 근거는 개념이 추상적이다. 추상적인 개념은 머리가 이해하는 부분이라 의사전달 수단은 설명만이 가능하다. 추상적인 개념이 들어있어서 논리가 필요하고, 주장을 뒷받침하는 근거를 제시하면 논리적인 글이 된다. 이때 이유시사표현인 '왜냐하면', ' 때문이다'라는 말을 가지고 나온다. E(Example)는 근거를 증명하기 위해 예를 제시하는 것으로 자료로 보여 주면 증명이 더 강력해지기에 수치(각종 자료: 연구자료, 조사자료, 통계자료)를 드러내 보인다. 사실(fact)이나 전문가의 의견을 제시해도 좋다. 예, 자료, 사실, 전문가 의견은 구체적이다. 여기서는 설명은 필요 없고 눈으로 직접 확인할 수 있게 증명하는 것이다. 논증시사표현인 '예로', '예를 들면'이 따라 나온다. 따라서 E는 증명이다. P(Point)에서는 주장을 강조한다. 주장 대신 주제가 나와도 된다. 문장에 따라서 '결론적으로', '앞으로'와 같은 결론시사표현이 나온다.

출처: 임재춘(2019).

**〈예1〉**

나는 UFO는 인간의 완전함에 대한 소망이 투사된 것이라 생각한다(P). 이는 칼 융의 UFO 이론, 즉 UFO는 우리 정신의 중심인 Self(자기)가 투사된 것이라는 이론과 맥락을 같이 한다. 고대의 그림들이나 화가들이 그린 그림들을 보면 성인의 머리둘레로 아름다운 후광이 그려져 있다. 이는 칼 융의 말대로 우리 마음속의 신(神)인 자기(Self)가 투사된 것이다. 나는 특히 성화에 후광이 많이 그려져 있는 것은 우리의 신에 대한 완전함이 성화에 투사되었기 때문이라고 생각한다. 예수 그리스도의 그림에서, 붓다의 그림에서, 그리고 여러 성인의 머리 주위로 후광이 그려져 있는 것도 바로 이 때문이다(R). 첫사랑의 대상을 만날 때 흔히들 이렇게 말한다. "그 사람 머리 주위로 후광이 있었어요. 그래서 주위가 환했어요.", "뭔가 갑자기 그녀가 있는 주위가 햇빛이 쏟아지는 것처럼 눈부셨어요."라고. 이는 바로 후광을 말하며, 이는 바로 우리 마음속의 완전함에 대한 소망이 그녀 혹은 그에게 투사된 것이다(E). 따라서 나는 UFO는 우리의 완전함에 대한 소망이 외부로 투사된 것으로 생각한다(P).

논자는 "UFO는 완전함에 대한 우리의 소망이 투사된 것이다."라는 주장을 먼저 제시하고, 자신의 주장을 뒷받침하는 근거로 칼 융의 이론을 들고, 자신의 사례들을 들고 있다. 그리고 다시 자신의 주장을 각인시키고 있다.

## 〈예2〉

타인은 또 다른 나다(P).

나는 타인을 통해 나의 어두운 그림자를 볼 수 있기 때문이다. 타인이 있기에 나는 나의 그림자를 투사할 수 있고, 타인에게 투사했기에 나는 결코 그렇게 수치스러운, 편협한 그리고 여러 부정적인 편견을 가진 인간이 아니라는 착각을 할 수 있기 때문이다(R)

내 가장 가까운 친구는 아주 자유분방하다. 나는 그러한 내 친구를 경멸한다. 그러나 매번 꿈속에서는 그 친구가 나타나 자신의 규율에 얽매이지 않는 자유로움을 자랑한다. 칼 융의 분석심리학을 접하고 나서, 나는 꿈속의 그녀가 나의 그림자라는 것을 알게 되었다(E).

따라서 타인은 나의 그림자를 인식하게 해주는 또 다른 나다(P).

좀 더 긴 문장을 보도록 하자.

피터 싱어의 채식옹호론은 그 발단에 있어서 육식의 비도덕성을 주장하면서 이루어진 불가피한 선택인 것처럼 보인다(P). 하지만 육식 습관을 비판하면서 동물에게 도덕적 지위를 부여하는 시선은 근본적으로 고통 중심의 협소한 인간관계에 기대어 인간을 바라보는 시선에서 크게 벗어나 있지 않아 보인다(R1). 고통의 발생적 지위를 고려할 때, 채식의 재료로서 식물의 존재론적 위상 역시 재고의 여지가 있다고 할 수 있다(R2).

(중략)

인간인 우리가 동물을 바라보는 시선이 일정 부분 그것도 한계가 있는 인간 중심적 사고에 의한 것이라며, 우리에게는 식물을 바라볼 수 있는 그와 같은 시선 역시 존재한다고 말할 수 있기 때문이다(R3).

그 단적인 경우가 생명 자체에 대한 가치의식이다. 특히 모든 도덕적 판단에는 가치의식이 수반된다면, 동물 못지않게 식물의 가치에 대한 의식 또한 없을 수 없다(E). 그러므로 육식과 채식의 도덕적 차이를 온전히 규명하고, 또 채식주의를 옹호하는 보다 설득력 있는 논변은 육식의 비도덕성을 통해서 간접적으로 이루어지기보다는 직접적으로 식물의 존재론과 가치론에 대한 고려를 포함한 논변이어야 하며, 이를 위해서는 고통을 포함해서 어떤 존재가 갖게 되는 도덕적 가치와 여타의 가치를 무엇으로 어떻게 구분 짓고 또 그 차이를 어떻게 준별할 것인지에 관한 독립적인 탐구가 있어야 한다(P).

출처: 변순용 외(2015 : 233).

이 글은 우선 "피터 싱어의 채식옹호론은 그 발단에 있어서 육식의 비도덕성을 주장하면서 이루어진 불가피한 선택인 것처럼 보인다."라는 논자의 주장(피터 싱어 주장에 대한 반박)으로 시작된다. 논자가 이유로서 내세우는 것은 식물의 존재론적 위상도 고려해야 된다는 것이다. 인간의 시각에서 동물의 고통은 의식하면서 식물의 고통을 의식하지 않는 것은 있을 수 없다는 것이 하나의 이유이다. 따라서 논자는 어떤 존재가 갖게 되는 도덕적 가치와 여타의 가치 기준에 대한 탐구가 있어야 된다는 것을 역설하고 있다.

이와 같은 프렙 2문장은 P → R1, R2, R3 → E → P로 구성되어 있다.

#### 프렙 문단 3형식(대비형/찬반형)

이 형식은 하나의 주장에 대해 프렙으로 전개한다. 대비나 반대되는 주장에 대해서도 프렙으로 전개한다. 대비나 반대되는 주장 앞에 '반면에', '그런데', '그런데도' 같은 접속부사를 활용하여 전환의 신호로 삼는다.

〈예〉

### The advantages of Being a Generalist
### 다분야인의 이점

What is the best path to success and excellence? Most people believe that the secret is choosing your specialty as early as you can. Afterwards, you should devote all of your time and energy into completely mastering the chosen field.

성공과 탁월함을 위한 최선의 길은 무엇인가? 대부분 사람은 가능한 한 빨리 당신의 전문분야를 고르는 것이 비결이라고 믿는다. 그 후에, 당신은 선택된 그 분야를 완전히 통달하는 데 모든 시간과 정력을 쏟아야 한다는 것이다.

However, according to a book from 2019, this may not always be the case. In 'Range,' the author David Epstein argues that it may be more beneficial to start out as a generalist.

하지만 2019년에 출간된 책에 따르면, 항상 그런 것은 아닐 수도 있다. '범위'의 저자 데이비드 엡스타인은 다분야인으로 시작하는 것이 더 유익할 수 있다고 주장한다.

Generalists are people who do not solely focus on one set of skills. Rather, they stay interested in a wide range of subjects and pursue different interests.

다분야인은 오직 한 가지 분야에만 집중하지 않는 사람을 말한다. 대신, 그들은 여러 주제에 폭넓은 관심을 가지고 다양한 관심사를 추구한다.

Epstein says this variety of experiences can give generalists an advantage. Generalists are particularly adept at innovation, because they can see the bigger picture and even come up with something that no one has done before.

엡스타인은 이러한 다양한 경험이 다분야인들에게 이점을 줄 수 있다고 말한다. 다분야인들은 특히 혁신에 능숙하다. 왜냐하면 그들은 더 큰 그림을 볼 수 있고 심지어 아무도 이전에 하지 못한 무언가를 해낼 수 있기 때문이다.

Also, they are less likely to get frustrated when their ideas do not work out and they have to suddenly shift gears.

또, 그들의 아이디어가 잘 작동하지 않아서 갑자기 변속기어를 바꾸어야 할 때 좌절하는 경향도 덜하다.

That said, Epstein explains his book is not an argument against specialization. In fact, he writes, there are many fields that require highly-trained specialists. For example, becoming a classical musician or a chess champion requires intense training and specialization from an early age.

그렇긴 하지만 엡스타인은 자신의 책이 전문화에 반대하는 주장이 아니라고 설명한다. 사실, 그는 고도로 훈련된 전문가들이 필요한 분야가 많다고 쓰고 있다. 예를 들어, 클래식 음악가나 체스 챔피언이 되는 것은 어려서부터 강도 높은 훈련과 전문화가 필요하다.

On another hand, the author notes that 'most of life is not a chess game'. In fact, Epstein found through his research that many of the world`s most successful people tended to be generalists. They often find their path late, but once they do, they have developed the flexibility and skills necessary to succeed.

반면에 저자는 '삶의 대부분은 체스 게임이 아니다'라고 지적한다. 실제로 엡스타인은 연구를 통해 세계에서 가장 성공한 사람 중 상당수가 다분야인인 경향이 있다는 사실을 발견했다. 그들은 종종 늦게 길을 찾지만, 일단 찾았다 하면 성공에 필요한 유연성과 기술을 모두 개발해 놓은 상태라는 것이다.

So, Epstein advises young people not to be in such a hurry to specialize. Rather, remaining a generalist early on may come in handy later in life.

그래서 엡스타인은 젊은이들에게 전문화를 그리 서두르지 말라고 충고한다. 오히려 초기에 다분야인으로 남는 것이 나중에 유용할 수도 있다는 것이다.

출처: Call & Talk.

**활동**

PREP 문단 1형식

PREP 문단 2형식

여기까지 공부하면서 우리는 하나의 사실을 깨닫게 된다. 즉, 자신의 주장이 옳음을 나타내기 위해서는 그 주장에 대한 근거와 이유가 있어야 한다는 것이다. 근거와 이유가 참이면 그 주장도 참이기 때문이다. 그러면 이러한 공식이 성립된다. 논리적인 글이란 자신의 주장인 결론을 뒷받침하기 위해 근거와 이유를 제시하는 글이다.

논리 = 주장 + 근거나 이유

### 3) 두괄식

두괄식은 논자의 주장이 글의 처음에 나오는 형식이다. 대부분 논증적인 글은 두괄식 형식을 가진다.

**〈예〉**

> 감염병과의 싸움에서 우리는 결코 완승할 수 없다. 자연선택을 통한 진화 때문이다. 대부분 세균과 바이러스는 아주 빨리 번식할 수 있어서, 유전자도 빠르게 적응할 수 있다. 이는 언제라도 새로운 질병 균주가 출현할 수 있다는 뜻이며, 그런 병원체들은 우리의 면역계와 약물을 피하거나 속일 독창적인 방법들을 끊임없이 진화시킨다. 그것이 바로 항생제 내성 증가가 그렇게 큰 위험이 되는 이유이다. 자연선택이 우리의 눈앞에서 작용하면서 우려되는 결과를 빚어내고 있다. 세균을 실질적으로 완전히 없애지 못한 채 어설프게 항생제에 노출하면, 세균은 그 약물에 내성을 갖추는 쪽으로 진화할 가능성이 더 높아진다. 그것이 바로 항생제를 올바른 용량으로–그리고 진정으로 필요할 때만– 투여하고, 처방받은 약을 끝까지 먹는 것이 중요한 이유이다.

출처: Buss(2013).

윗글은 인간은 결코 감염병에서 승리할 수 없다는 결론을 첫 문장에 내세우고 있다.

## 4) 미괄식

미괄식은 논자의 주장이 글의 맨 끝에 나오는 구조이다.

〈예〉

사람은 왜 죽는가?

생존은 생식에 아주 중요하고, 우리를 계속 살아가게 하려고 설계된 적응이 아주 많은데도, 왜 우리는 결국 죽을까? 왜 선택은 우리를 영원히 살게 하는 기제를 만들지 못했을까? 그리고 왜 어떤 사람들은 진화가 선호하는 것과는 정반대의 행동처럼 보이는 자살을 할까?

**노화 이론**

노화 이론이 이 수수께끼들에 대해 부분적인 답을 제시한다(Williams, 1957). 노화는 구체적인 질병이 아니라, 나이를 먹음에 따라 모든 신체 기제가 퇴화하는 현상이다. 노화 이론은 나이를 먹음에 따라 자연선택의 힘이 극적으로 감소한다는 관찰에서 시작한다. 왜 이런 일이 일어나는지 이해하려면, 20세 여자와 50세 여자를 비교해 봐라. 자연선택은 젊은 여자에게 훨씬 강하게 작용하는데, 젊을 때 일어나는 일은 장래의 생식시기 대부분에 영향을 미치기 때문이다. 예를 들어, 20세 때 작동한 유전자가 여자의 면역체계를 약화시키면, 전체 생식능력이 손상될 수 있다. 만약 동일한 유전자가 50세 때 작동한다면, 그 여자의 생식능력에는 거의 아무런 영향을 미치지 않을 것이다. 50세 여자의 면역계를 약화시킨다 해도, 그 여자의 생식능력에는 거의 아무런 영향을 미치지 않을 것이다. 자연선택은 나이 많은 여자에게는 아주 약하게 작용한다. 그녀가 할 수 있는 생식은 이미 대부분 혹은 전부 다 일어났기 때문이다(Nesse & Williams, 1994).

윌리엄스(1957)는 이 관찰을 출발점으로 삼아 노화에 관한 다면발현 이론을 개발했다. 다면 발현(pleiotropy)은 한 유전자가 두 가지 이상의 효과를 나타내는 현상을 말한다. 남자에게 테스토스테론은 나이가 들어서 전립선암 발병 위험이라는 부정적 효과를 나타낸다. 선택은 이 다면발현 유전자를 선호할 수 있는데, 즉 그 빈도가 증가할 수 있는데, 짧은 시절에 지위 획득으로 얻은 편익이 늙어서 생존의 위험으로 나타나는 비용보다 훨씬 크기 때문이다. 이 다면발현 과정을 통해 우리에게는 삶의 이른 시기에는 이롭지만, 자연선택이 약하게 작용하거나 전혀 작용하지 않는 시기인 훗날에는 해로운 효과를 나타내는 많은 유전자가 발견되었다.

노화에 관한 다면발현 이론은 왜 기관들의 기능이 나이가 들어 거의 동시에 쇠퇴하는지 뿐만 아니라, 왜 남자는 여자보다 더 일찍 (평균 7년 정도) 죽는지도 설명할 수 있다(Kruger & Nesse, 2006: William & Nesse 1991). 자연선택의 효과가 여자보다 남자에게 더 강하게 작용하는 이유는 남자는 생식능력의 변동성이 여자보다 더 크기 때문이다. 다시 말해서, 생식능력이 있는 여자는 대부분 생식능력에 성공하며, 가질 수 있는 아이의 최대 수는 거의 분명하게 제한돼 있다(사실상 약 12명으로). 반면에 남자는 아이를 수십 명 낳게 할 수도 있고, 생식을 전혀 못 할 수도 있다. 남자는 생식능력에서 이렇게 변동성의 폭이 더 넓기 때문에, 자연선택은 여자보다 남자에게 훨씬 강하게 작용한다. 특히 자연선택은 남자에게 삶의 이른 시기에 배우자를 놓고 벌이는 경쟁에서 많은 자손을 낳을 수 있는 소수의 남자 중 한 명이 되게 하거나, 적어도 경쟁에서 완전히 배제되는 것을 피하게 해준다.

설사 그 유전자가 나중에 생존에 해로운 결과를 낳는다고 하더라고, 짝짓기 경쟁에서 남자를 성공하게 해주는 선택이라면 자연선택에서는 선호될 것이다. (중략)짝짓기 경쟁에서 일찍 성공을 거두는 데 도움을 주는 유전자는 여자보다 남자에게서 훨씬 더 강하게 선택되며, 훗날 생존에 도움을 주는 유전자를 희생하면서까지 그런 일이 일어난다. 그러나 초기에 이익을 가져다주는 유전자를 선택하는 경향이 강하면, 이른 죽음의 원인이 되는 다면발현 유전자의 비율이 높아지게 된다. 한 연구자는 "남자가 여자보다 사망률이 높은 이유는 과거에 남자가 더 높은 잠재적 생식적 성공을 누렸는데, 그러기 위해 생식의 성공에는 도움을 주지만 생존에 대가를 치르게 하는 특성들을 선택했기 때문으로 보인다."(Trivers, 1985. P. 314)라고 지적했다. 요컨대, 남자는 여자보다 더 빨리 죽도록 '설계돼' 있으며, 노화 이론은 왜 그런지 그 수수께끼를 푸는 데 도움을 준다.

요약하며, 자연선택은 삶의 이른 시기에 가장 강하게 작용하는데, 이른 시기에 일어나는 사건은 그 사람의 생식 시기 전반에 걸쳐 영향을 미치기 때문이다. 그렇지만 나이가 들어가면서 자연선택의 힘은 약해진다. 죽기 직전의 늙은 나이에 일어나는 일은 그 사람의 생식능력에 거의 아무런 영향도 미치지 못하기 때문이다. 이것은 자연선택은 설사 나중에 값비싼 대가를 치르는 한이 있더라도, 삶의 이른 시기에 이로운 효과를 나타내는 적응을 선호한다는 것을 의미한다. 값비싼 대가는 나이가 들수록 누적되다가 거의 같은 시기에 모든 신체 부위의 퇴화로 나타난다. 이런 의미에서 생물은 죽도록 '설계돼' 있다고 말할 수 있다.

출처: Buss(2013 : 171~173).

앞의 글은 끝 문장에 이 글의 주제가 들어 있다. 주제는 “생물은 죽도록 ‘설계돼’ 있다”라는 것이다. 그러므로 앞의 글은 미괄식이다. 이 외에 결론이 글의 첫머리와 끝머리 둘 다에 나타나기도 하는데 이를 양괄식이라고 하며, 글의 중간 부분에 주제가 나타나는 것을 중괄식이라 한다.

## 7. 비판적 사고로 읽기

비판적 사고에 대하여 어느 정도 익혔으면, 이제 ‘비판적 사고로 읽기’에 대하여 공부를 해 보자.

‘비판적으로 읽기’는 다른 사람의 글을 읽을 때 적용되는 말이다. 이는 크게 두 부분으로 나눌 수 있다. 분석적 읽기와 평가적 읽기이다. 분석적 읽기는 글쓴이가 주장하는 바가 무엇이며, 그 주장은 타당하며, 받아들일 만한지, 제시한 이유와 근거는 글쓴이의 주장을 충분히 뒷받침할 수 있으며, 구체적인 사례들은 주장을 잘 나타내 주는지, 글쓴이의 주장에 대한 반론에 대해서도 합리적이고 타당한 이유를 가지고 있는지, 글에 인용한 글의 출처는 신뢰할 만한가 등을 분석하며 읽는 것이다.

그리고 ‘평가적 읽기’는 전체적으로 볼 때 그 글은 좋은 논증인가 아닌가를 따지는 것이다. 이유는 참인데 결론은 거짓일 수 있으면 좋은 논증이라 할 수 없으며, 이유가 참이며 결론도 또한 참이면 좋은 논증 곧 좋은 비판적인 글이라고 할 수 있다.

**〈예1〉**

그는 시험에서 좋은 성적을 매번 받는다.
따라서 그는 머리가 좋다.

이 예는 이유가 결론을 반드시 보장해 주지 못한다. 머리가 좋은 이유는 여러 가지가 있기 때문이다.

**〈예2〉**

그는 열심히 공부한다.
따라서 그는 매번 시험에서 좋은 성적을 받는다.

이 예도 이유가 결론을 충분히 뒷받침해 주지 못한다. 좋은 성적을 받는 이유가 여러 가지 있기 때문이다. 즉, 이유가 참이라고 해도 결론이 참이 아닐 수 있기 때문에 위 예는 좋은 논증이라고 할 수 없다.

**〈예3〉**

철수는 키가 크기 때문에
교실에서 뒷자리에 앉는다.

철수는 노래를 잘하기 때문에
합창단에 들어갈 수 있었다.

앞의 두 예에서는 이유가 참이고, 그래서 결론도 참이다. 이런 논증은 좋은 논증이 된다. 이유가 결론의 참을 충분히 입증해 줄 수 있기 때문이다.

따라서 비판적으로 글을 읽을 때에는 이유가 결론을 충분히 뒷받침할 수 있는가를 따져 보아야 한다. 그래서 이유가 참이고, 결론도 참이라면 그 논증은 좋은 논증인 것이다.

그러면 왜 우리는 비판적 사고로 글을 읽어야 하는가?

우선 자신의 사고를 넓힐 수 있다. 이론의 여지가 있는 글을 읽으면 다른 시각을 가진 사람들을 만날 수 있다. 이것은 자신의 사고의 지평을 넓혀 준다. 다음은 자신이 논리적 글을 쓸 때 도움이 된다. 논리를 전개하는 방식이라든가, 자신의 논리를 합리적으로 표현하는 방법도 배울 수 있으며, 여러 사례에서 자신이 미처 생각해 보지 못한 사실들을 접할 수 있다. 이는 글을 잘 쓰기 위해서는 우선 많이 읽어야 한다는 기본 원칙과 같다.

## 8. 비판적 사고로 대화하기

만일 여러분이 의견대립이 있거나 자신의 주장을 내세울 경우가 있다면 비판적 사고에 입각하여 논증을 해 나가면서 말해야 한다. 이때 자신의 주장이 옳음을 말하는 만큼 설득력이 있어야 한다. 비판적 사고로 말하기로써 소크라테스(Socrates)의 대화법을 보기로 하자.

### 1) 소크라테스의 대화법: 산파술

소크라테스의 존재론적 정의 내리기의 방식인 산파술은 보통 사람들이 주관적이고 관습적인 사고를 교정하고 현실에 대한 합리적인 사고를 지향하는 방식으로 이루어지는데, 그는 이를 대화법 혹은 자기 어머니의 산파술에 비유하여 영혼의 산파술이라고 지칭했다. 그리고 문제시되고 있는 주제에 대한 해답으로서의 진리를 스스로 찾게끔 하는 것이기 때문에, 그의 대화법은 항상 상대방의 영혼을 자신의 실존이나 현실에 맞게 교정하는 곧 '바로 세워주기'로 이루어진다.

소크라테스의 이러한 대화법은 철학적으로 당시 소피스트들, 프로타고라스나 고르기아스 등의 지적 상대주의나 회의주의로 빠질 수 있는 것을 극복할 수 있는 것으로써 현대에서 보면 객관적이고 보편타당한 진리를 탐구하는 가장 과학적 방법인 가설－연역적 방법의 성격을 지녔다.

소크라테스는 이러한 대화법을 통하여 사태나 문제의 본질을 존재론적으로 정의하게 하는 "그것이 무엇이냐?"라는 질문을 집요하게 추궁하였고, 이에 대한 탐구의 결과는 현대에서는 다양한 방식의 정의 내리기의 형태로 나타난다는 것이다. 그의 탐구의 중심 주제는 "너 자신을 알라"였다.

그의 산파술에 함축된 대화법은 진실에 대한 탐구에 있어서 상호 간에 '공통된' 의견을 지님으로써 상호 간에 의사전달은 물론, 문제 되는 사태나 사실의 보편타당한 '객관적 진실'에 접근하려는 노력을 전제하는 것이다. 이러한 대화법은 자기 생각이나 주장을 반성하거나 객관적 사실에 기초하여 검증하지 못 하게 하는 변론술이나 용변술의 일방적으로 설득하거나 설교하는 방식과는 다른 것이다.

소크라테스가 이러한 대화법을 젊은이를 위한 교육 방법으로 내세운 이면에는 대화 상대자를 자신과 동등하게 대우하고 그 대화 상대자가 자기의 생각을 객관적 관점에서 비판적으로 바라보게 하며, 또한 자기의 생각을 명석하게 하고 이를 표현하게 함으로써 스스로 사태 자체의 진상이나 진리에 접근하게 하기 위한 것이었다.

이를 위해 소크라테스는 자신의 무지를 자처하였고 젊은이들이 올바른 방법을 통해 스스로 진리를 탐구하게끔 유도했다.

소크라테스의 이 무지를 가장한 교수법은 진리를 모르면서도 그 탐구 방법이나 성격은 알고 있다는 일종의 아이러니를 함축하는 것이다.

플라톤(Platon)의 대화편들에서 소크라테스는 끊임없이 중요한 질문들을 하는데, 그 질문들의 첫 번째 것은 윤리적으로 중요한 문제이다. 그리고 그 질문들은 두 가지 형식으로 나타나는데, 하나는 "X란 무엇인가?", "용기란 무엇인가?", "절제란 무엇인가?", "경건이란 무엇인가?", "아름다움이란 무엇인가?" 등이다. 다른 한 형식은 "X는 Y인가?"이다. 예를 들면, "정의가 불의보다 좋은가?", "친구가 되는 사람은 서로 닮게 되는가?", "소크라테스는 도망해야 하는가?", "덕은 가르쳐질 수 있는가?" 등이다. 소크라테스는 이 답변을 계속적인 질문들에 의해 시험하고 모순율에 따라 논박해 버린다.

출처: 송영진(2019 : 172~174).

소크라테스: 당신은 아름다움이 인간에게서만 발견될 수 있다고 생각합니까? 아니면 다른 사물에서도 찾아볼 수 있다고 생각합니까?

크리토빌로스: 내 생각에는 아름다움은 말이나 황소 혹은 무생물에서도 얼마든지 찾아볼 수 있다고 봅니다. 아무튼 나는 방패나 칼 혹은 창도 아름다울 수 있다고 생각합니다.

소크라테스: 이 사물들이 서로 완전히 다른 것들인데 어떻게 모두 아름답다고 할 수 있을까요?

크리토빌로스: 간단하지요. 만약에 그것들이 우리들의 필요를 충족시켜 주는 각각의 기능을 위해 잘 만들어졌다면, 혹은 우리의 필요에 봉사할 수 있도록 만들어졌다면, 아름답고 훌륭한 것이지요.

소크라테스: 우리에게 눈이 필요한 이유를 알고 계십니까?

크리토빌로스: 물론 보기 위해서죠.

소크라테스: 그러면 내 눈이 당신 눈보다 더 멋지다는 것은 어렵지 않게 알 수 있군요.

크리토뷜로스: 어찌 그러합니까?

소크라테스: 왜냐하면 당신 눈은 앞쪽만 보지만 내 눈들은 튀어나올 대로 튀어나와 옆을 볼 수도 있으니까요.

크리토뷜로스: 당신은 게가 다른 생물들보다 시각적으로 더 나은 도구를 갖추고 있다고 말하는 것입니까?

소크라테스: 물론입니다.

크리토뷜로스: 좋소이다. 그 문제는 넘어갑시다. 하지만 누구의 코가 더 잘생겼죠?

소크라테스: 내 것이지요. 조물주가 우리에게 냄새를 맡으라고 코를 만들어 주었다면 말이죠. 당신 콧구멍은 땅을 향해 아래쪽을 바라보지만, 내 것은 넓게 벌어져 위쪽을 향하고 있어서 모든 곳으로부터 온갖 냄새를 다 잡아낼 수 있게 되었으니 말이요.

크리토뷜로스: ….

소크라테스가 미남이 아니라는 것은 널리 알려진 사실이다. 그런데도 이러한 대화의 결론은 소크라테스가 크리토뷜로스보다 더 미남이라는 것이다. 사실 아름다움은 기능적인 측면에서 합목적성과 유용성에 의해서만은 정의될 수 없는 사실인데도 불구하고 크리토뷜로스가 인정한 사실(가정)에 따르면, 이러한 결론에 필연적으로 도달한다는 것이다.

따라서 소크라테스는 아이러니하게도 크리토뷜로스에게 자신의 아름다움을 확인시키는 것처럼 보이면서도 실제로는 그가 말한 것이 아름다움이 될 수 없다는 부정적 결론을 이끌어 내고 있다는 점에서 제논의 역설적인 논박법의 변증법을 그대로 보여 주고 있다.

출처: 송영진(2019 : 153~154).

**활동**

주제를 달리하여 소크라테스의 대화법을 그대로 따라 적어 보자.

..........................................................................................

..........................................................................................

..........................................................................................

..........................................................................................

..........................................................................................

..........................................................................................

..........................................................................................

..........................................................................................

..........................................................................................

..........................................................................................

..........................................................................................

박해용(2013)은 그의 책『소크라테스 대화법의 이론과 실제』에서 모래시계 도형(p.190)을 소개하고 있다.

이는 질문, 구체적 사례들, 판단, 이유와 근거들, 그리고 원리 다섯 단계로 되어 있다. 여기에서 질문이란 주제로 볼 수 있다.

**질문(주제)**: 정직함이란 무엇인가?

- **구체적 사례들**: 아버지가 대학생인 아들에게 물었다. “너 요즘 알바 잘 다니고 있지?”

  사실 아들은 그 알바 주인의 갑질로 인해 다른 알바 자리를 찾아보는 중이었다. 그러나 차마 아버지에게 다른 곳으로 또 옮긴다고 말할 수가 없었다.

한 아버지는 아들이 걱정할까 봐 아프다는 것을 속였다. 왜냐면 자신이 아프다는 것을 알면 아들이 직장에서 돌아와 자신을 돌보느라 쉴 틈이 없기 때문이다.

- **판단:** 정직함이란 상대적이기 때문이다.
- **이유와 근거:** 선의의 거짓말도 있는 것이다. 우리는 이것을 '화이트 라이 a white lie'라고 한다. 이는 정직함이란 그 자체의 의미는 변하지 않더라도 상황에 따라 정직함이란 변할 수 있기 때문이다.
- **원리:** 정직함을 그 자체의 의미로 볼 때와 상황에 따른 정직함으로 나누어 볼 때, 상황에 따른 정직함도 정직함이라 볼 수 있다. 이는 개인의 판단에 의한 정직함이기 때문이다. 따라서 정직함도 절대적이지만 상대적일 수 있다.

**활동**

모래시계 도형으로 글을 써 보자.

### 2) 마이클 샌델의 대화법

샌델(Sandel)은 질문을 던지고, 그 질문에 관한 사례를 보여 준다. 그다음, 그 사례에서 보이는 이유와 근거를 제시하고, 최종적으로 그 질문이 내포하고 있는 딜레마를 우리에게 보여 주며 자신의 주장을 펼친다.

- **질문(주제):** 아이를 과도하게 공부시키는 일과 우생학은 무엇이 다른가?
- **사례:** 그루브먼은 그의 두 살짜리 아이들을 유명한 유치원에 보내려 했다. 그는 자기 보스의 환심을 사려고 AT&T American Telephone and Telegraph (company) 증권의 가치를 상향 평가했고, 그의 상관은 그 대가로 그루브먼의 두 살 난 쌍둥이 자매를 92번가에 있는 Y 유치원에 입학하는 일을 도왔다. ……(중략)

  ……

  최근 몇 년 동안 아이와 청소년에게 리탈린 Ritalin을 처방하는 사례가 치솟는 가운데, 이를 복용하는 이들이 모두 주의력결핍이나 과잉행동 증상을 보이는 것은 아니라는 점을 주목할 필요가 있다. 이런 약이 주의력이 정상인 경우에도 집중력을 높여 준다는 사실을 아는 고등학생이나 대학생이 많다. 리탈린을 처방받은 친구의 약을 사거나 빌려서 먹고 SAT Scholastic Aptitude Test나 대학 시험을 치는 학생들도 있다고 한다. 리탈린 사용과 관련해서 가장 곤란한 보고는 점점 많은 의사가 유치원생들에게 이 약을 처방한다는 사실이다. 당국에서 6세 미만 아이에게는 처방을 허락하지 않는데도 2~4세 아동에게 처방한 빈도가 1991~1995년 거의 세 배 증가했다고 한다.

- **이유, 근거:** 리탈린은 ADHD attention deficit hyperactivity disorder를 치료하는 의료적인 목적과 경쟁력을 원하는 정상 아이들의 능력을 강화하는 비의료적인 목적에 사용되기 때문에 다른 강화 과학기술과 동일한 도덕적 딜레마를 제기한다. 이런 딜레마는 어떤 식으로 해결되든지 리탈린을 둘러싼 논란은 한 세대

이전에 마리화나와 LSD 같은 환각제에 대한 논란이 있었던 것을 생각해 보면, 이후의 역사를 말해 준다. 그러나 리탈린 논란은 1960~1970년대에 문제가 된 논란과는 성격이 다르다. 즉, 마리화나 같은 환각제가 '정말 어떤 기분일지 한 번 즐겨 보는 용도'였다면, 리탈린과 아데랄 adderall은 '본격적으로 뭔가 해 보려고 덤비는 용도'다.

다시 말해 '세상을 있는 그대로 바라보다가 한번 받아들여 보기'용이 아니라, '세상의 틀을 빚어서 거기에 자신을 맞추기'용이다.

우리는 비의료적인 약의 사용을 '쾌락'용으로 구분해서 말하는 데 익숙하다. 이제 이런 말은 맞지 않는다. 강화 논란에 등장하는 스테로이드제나 자극제의 목적은 오락이 아니라 경쟁이다. 그것은 우리의 능력을 개선하고 본성을 완벽하게 하라는 경쟁 사회의 요구에 응하는 방식, 즉 순응을 위한 노력이다. 능력과 완벽에 대한 이런 요구는 주어진 것을 불평하고 비판하는 충동을 활성화한다. 이것이 강화가 유발하는 도덕적인 곤란함의 근원이다.

유전학의 강화로 아이와 자신의 개선을 꾀하는 것과 다른 방식으로 하는 것 사이에 분명한 선을 그을 수 있다. 유전학적 강화를 통해 능력을 개선하고 성공을 추구하는 방식이 다른 방식에 비해 꺼림칙하고 해롭다는 기분이 들지만, 도덕적으로 볼 때는 그 차이가 생각보다 적다.

- **주장:** 야심 찬 부모가 아이들을 만드는 방식과 생명공학이 정신에서 유사하다는 사람들의 말도 일리는 있다. 그러나 이런 유사성에도 불구하고 아이의 유전적 조작을 수용할 이유는 없다. 오히려 별 탈 없이 수용해 온 로테크의 고압적인 양육 자체를 의심의 눈으로 보아야 할 판이다. 이 시대의 과잉교육은 정복과 지배를 향한 지나친 불안을 나타내며, 이는 선물로써 삶의 의미를 놓치는 일이다. 이것은 당혹스럽게도 우리를 우생학 가까이 끌고 간다.

출처: Sandel(2010 : 96~101).

# 9. 그 외 논증적인 글

## Satsang

**- 현자와의 대화**

Satsang(삿상)은 인도의 오랜 전통적인 대화법으로, 스승과 제자와의 문답으로 진리를 찾아가는 과정이다. 삿상에서는 여러 대중이 스승 주위에 모여 앉아 자신이 공부한 영적 진리 중에서 모르는 부분에 대해 질문한다. 이때 스승은 우파니샤드나 바가바드기타 등 여러 인도 경전에서 빌려와 얘기할 경우도 있지만, 이들 깨달은 스승인 구루(Guru)들은 자신의 깨달음을 전수하는 경우가 대부분이다.

제자: '고요히 있음'의 상태는 노력이 있는 상태입니까, 없는 상태입니까?

성자 마하리쉬: 그것은 노력 없는 나태함의 상태가 아닙니다. 보통 노력이라고 하는 세간적 활동은 마음의 한 부분의 도움으로 영위되며, 자주 끊어집니다. 그러나 진아합일 眞我合一의 행위, 즉 내적으로 고요히 머무름은 온 마음을 다해서 이루어지는 강력한 활동이며, 끊어짐이 없습니다. 파괴될 수 없는 마야(maya 망상)도 '침묵'이라고 하는 이 강력한 활동에 의해 완전히 파괴됩니다.

이 글은 제자가 묻고 스승이 답하는 것인데, 스승은 자신이 깨달은 바를 이유를 대며 주장하고 있다.

결론은 '고요히 있음'은 노력이 필요하다는 것이며, 이유는 그것은 온 마음을 다해 이루어지기에 끊어짐이 없고, 파괴될 수도 없기 때문이라고 말하고 있다. 이는 성자의 깨달음에서 나온 것이다. 따라서 이 대화는 성자 자신의 사상을 펼친 것이다.

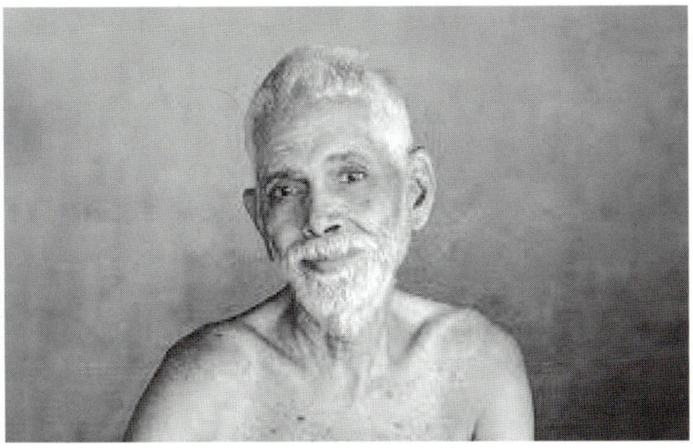

출처: Google/Image 침묵의 성자 '라마나 마하리쉬 (Ramana Maharsh, 1878~1950)'

## 10. 마치며

지금까지 여러분은 비판이란 무엇이며, 또 사고란 무엇이며, 그리고 비판적 사고는 무엇인가를 공부하였습니다. 그리고 비판적 사고로 글쓰기, 즉 논증적 글쓰기인 비평문에 대해서도 배웠습니다. 그리고 생각해 봅니다. 비판적인 사고는 그야말로 분석적이고, 이성적이고, 합리적이어서 건조하고 날카롭기만 한 것인가?

비판적 사고를 한다는 것은 논증을 한다는 것입니다. 논지를 끝까지 밀고 나가야 하기에, 자신의 옳음을 입증하기까지 긴장감을 늦추지 않아야 하는 것은 물론입니다.

상담심리학에 '벨벳 장갑을 낀 강철 손'이란 말이 있습니다. 상담을 할 때, 벨벳처럼 부드러우나 강철처럼 냉정하게 내담자의 말을 분석해야 된다는 것입니다. 비판도 마찬가지입니다. 비판을 하거나 혹은 비평문을 쓸 때는 냉정하고 예리해야 하나, 그 저변엔 벨벳의 부드러운 감성이 흘러야 합니다. 그래야 비로소 독자도, 또 논자 자신의 마음도 스스로 움직이게 해서 글을 쓸 수 있습니다. 비평문도 독자를 대상으로 하는 것이며, 논자 자신도 스스로의 독자입니다.

부디 여러분에게 비평문을 쓸 기회가 주어진다면, 타인에게도, 자신에게도 '벨벳 장갑을 긴 강철 손'이 되길 바라며, 그동안 함께해 주셔서 감사합니다.

## 11. 용어 정의

귀납: 개별적인 특수한 사실이나 원리로부터 일반적이고 보편적인 명제 및 법칙을 유도해 내는 일. 추리 및 사고방식의 하나로, 개연적인 확실성만을 가진다.

논거: 어떤 이론이나 논리, 논설 따위의 근거

논리: 사고작용을 밟아가는 과정

논리: 말이나 글에서 사고나 추리 따위를 이치에 맞게 이끌어 가는 과정이나 원리.

논증: 옳고 그름을 이유를 들어 밝힘.

논지: 주장하는 말이나 글의 취지

명제: 어떤 문제에 대한 하나의 논리적 판단 내용과 주장을 언어 또는 기호로 표시한 것. 참과 거짓을 판단할 수 있는 내용이라는 점이 특징이다. 이를테면, '고래는 포유류이다.' 따위이다.

설득: 상대편이 이쪽 편의 이야기를 따르도록 여러 가지로 깨우쳐 말함.

설명: 어떤 일이나 대상의 내용을 상대편이 잘 알 수 있도록 밝혀 말함. 또는 그런 말.

연역: 어떤 명제로부터 추론 규칙에 따라 결론을 이끌어 냄. 또는 그런 과정. 일반적인 사실이나 원리를 전제로 하여 개별적인 사실이나 보다 특수한 다른 원리를 이끌어 내는 추리를 이른다. 경험을 필요로 하지 않는 순수한 사유에 의하여 이루어지며 그 전형은 삼단논법이다.

# 12. 참고문헌

김보현, 김용성, 김효섭, 박수범, 이상엽, 이아름, 이재춘(2020). **비판적 사고와 논증적 글쓰기**. 경기: 북코리아.

김희정, 박은진(2008). **비판적 사고를 위한 논리**. 서울: 아카넷.

박해용(2013). **소크라테스 대화법의 이론과 실제**. 경기: 한국학술정보.

변순용, 김명식, 김완구, 맹주만, 장승희, 최훈, 함규진(2015). **음식윤리**. 서울: 어문학사.

송숙희(2018). **150년 하버드 글쓰기 비법**. 서울: 유노북스.

송영진(2019). **소크라테스의 산파술에 따른 진리와 인식**. 충남: 충남대학교 출판문화원.

위기철(1993). **고맙다, 논리야**. 서울: 사계절출판사.

유순근(2019). **논리와 오류**. 서울: 박영사.

이명수(2020. 09. 16.). "해상풍력 폐해, 바다 곳곳에서 유발". 어업in수산.

이부영(2020). **괴테와 융**. 경기: 한길사.

임재춘(2019). **쓰기의 공식 PREP**. 서울: 반니.

최려원(2021). **사고력과 글쓰기**. 경기: 청운.

최려원, 김소영, 김은지, 김지영, 김종민, 정세영(2020). **창의력과 글쓰기**. 경기: 청운.

최훈(2020). **변호사 논증법**. 서울: 웅진 지식하우스.

Buss, D. M. (2013). **진화심리학**. [Evolutionary psychology: the new science of the mind] (이충호 역, 최재천 감수). 경기: 웅진씽크빅(원저출판: 2011).

David, P. C. (2011). **리빙홈 Leaving Home: 부모로부터의 독립**. [Leaving Home: The Art of Separating From Your Difficult Family] (김순천, 김영호, 남영옥 역). 서울: 한국가족복지연구소(원저출판: 2005).

Fisher, A. (2010). **피셔의 비판적 사고**. [Critical thinking] (최원재 역). 경기: 서광사(원저출판: 2001).

Gandhi, M. K. (2001). **바가바드기타**. [Bhagavadgita] (이현주 역). 서울: 당대(원저출판: 1946).

Gandhi, M. K. (2010). **바가바드기타**. [Bhagavad-gita] (길희성 역). 서울: 서울대학교출판문화원(원저출판: 1946).

Harris, J. R. (2017). **양육가설**. [Nurture assumption] (최수근 역, 황상민 감수). 서울: 이김(원저출판: 1998).

Kübler-Ross, E. (2010). **죽음 그리고 성장**. [Death] (이주혜 역). 경기: 이레(원저출판: 2004).

Mancuso, S. (2020). **식물, 세계를 모험하다**. [Pianta del mondo] (임희연 역, 신혜우 감수). 서울: 더숲(원저출판: 2020).

Nakazawa, D. J. (2020). **멍든 아동기 평생건강을 결정한다**. [Childhood disrupted] (박다솜 역).

서울: 모멘토(원저출판: 2015).
Osborne, A. (2001). **라마나 마하르쉬 저작 전집.** [Collected works of Ramana Maharshi](대성 역). 서울: 탐구사(원저출판: 1959).
Reddy, B. (2000). **추억의 마하르쉬.** [Reminiscences] (대성 역). 서울: 탐구사(원저출판: 1993).
Rifkin, J. (2008). **엔트로피.** [Entropy: a new world view] (이창희 역). 서울: 세종연구원(원저출판: 1980).
Sandel, M. J. (2010). **생명의 윤리를 말하다.** [Case against perfection] (강명신, 김선욱 역). 경기: 동녘(원저출판: 2007).
Thomson, A. (2012). **비판적 사고: 실용적 입문.** [Critical reasoning: a practical introduction] (최원배 역). 경기: 서광사(원저출판: 2008).
Withey, M. (2020). **일상의 무기가 되는 논리수업.** [Mastering logical fallacies] (한지영 역). 서울: 반니(원저출판: 2016).
Zaki, J. (2021). **공감은 지능이다.** [War for kindness]. (정지인 역). 경기: 심심(원저출판: 2019).

네이버 지식백과(두산백과). 드레퓌스 사건.
네이버 지식백과(두산백과). 오이디푸스.
네이버 지식백과(물리산책, 이종필). 엔트로피 증가의 법칙 - 우주의 물질서도 증가한다.
위키백과.
표준국어대사전.

*** 참조**

### 1. 다면 발현

한 개의 유전자에 의하여 두 개 이상의 형질이 발현되는 것. 이 유전자를 다면 발현 유전자(pleiotropic gene)라 하고, 이 영향을 다면적 효과(pleiotropic effect)라고 함. 다면 발현성.

### 2. 드레퓌스 사건

1894년 10월 참모본부에 근무하던 포병대위 A.드레퓌스가 독일대사관에 군사정보를 팔았다는 혐의로 체포되어 비공개 군법회의에 의해 종신유형의 판결을 받았다. 파리의 독일대사관에서 몰래 빼내 온 정보 서류의 필적이 드레퓌스의 필적과 비슷하다는 것 이외에는 별다른 증거가 없었으나 그가 유대인이라는 점이 혐의를 짙게 하였던 것이다.

그 후 군부에서는 진범이 드레퓌스가 아닌 다른 사람이라는 확증을 얻었는데도 군 수뇌부는 진상 발표를 거부하고 사건을 은폐하려 하였다. 드레퓌스의 결백을 믿어 재심(再審)을 요구해 오던 가족도 진상을 탐지하고, 1897년 11월 진범인 헝가리 태생의 에스테라지 소령을 고발했지만, 군부는 형식적인 심문과 재판을 거쳐 그를 무죄 석방하였다.

그러나 재판 결과가 발표된 직후 소설가인 E.졸라가 공개한 '나는 고발한다(J'Accuse)'라는 제목의 논설로 사건은 재연되었다. 졸라는 드레퓌스에게 유죄판결을 내린 군부의 의혹을 신랄하게 공박하는 논설을 대통령에게 보내는 공개장 형식으로 1898년 1월 13일 자 『오롤』 지에 발표하였다. 이를 계기로 사회여론이 비등하여 프랑스 전체가 '정의 · 진실 · 인권옹호'를 부르짖는 드레퓌스파 또는 재심파(再審派)와 '군의 명예와 국가 질서'를 내세우는 반(反)드레퓌스파 또는 반재심파로 분열되었다.

출처: 네이버 지식백과(두산백과).

## 3. 라마나 마하르쉬

바가반 슈리 라마나 마하르쉬(Ramana Maharshi, ரமண மகரிஷி, 1879년 12월 30일~1950년 4월 14일)는 12월 30일 한 중산층 브라만 가정의 둘째 아들로 태어났다. 그는 아무런 종교적 가르침도 배운 바가 없었음에도, 열일곱 살의 나이에 최고의 진리를 스스로 깨달았다. 남인도의 성산 아루나찰라로 출가한 그는 여기서 여생을 보내면서 세계 각지에서 그를 찾아온 많은 사람에게 깨달음의 가르침을 주었다. 경전의 가르침을 재확인하거나 새롭게 해석해 주기도 했지만, 그는 주로 침묵의 가르침을 중시했고, 강력한 침묵의 힘을 이용하여 실제로 많은 사람에게 진아의 지복 또는 진아에 대한 직접적인 체험을 하게 해 주었다. 무엇보다도 그는 '나는 누구인가?' 하는 자기 탐구의 수행법을 제시하여 깨달음에 이르는 쉽고도 직접적인 길을 열어 주었다.

출처: Reddy(2000).

라마나 마하르쉬에게 크게 감명받은 영국인 폴 브런턴이 『인도의 신비를 찾아서 My Search in Secret India』라는 책을 발간하자, 동서양의 많은 사람이 라마나 마하르쉬의 사상에 관심을 갖게 되었고, 수많은 사람이 그를 방문하였다. 라마나 마하르쉬는 죽음과 악은 '비차라'로 쫓아 버릴 수 있는 환상일 뿐이며, '비차라'를 실천하면 참된 자아인 진아(Atman, True Self)를 찾을 수 있다고 하였다. 그리고 삶과 죽음이 되풀이되는 윤회에서 벗어나려면 '비차라'를 실천하거나 박티(헌신과 신애)를 실천하면 된다고 하였으며 이 두 가지가 같은 결과로 이끄는 최상의 방법이라고 하였다.

출처: 위키백과.

## 4. 엔트로피

물리학에서는 각종 보존 법칙이 무척 중요하고, 또 유용하다. 외력이 작용하지 않는 고립된 물리계에서는 운동량·각운동량·에너지 등의 물리량이 보존된다. 하지만 이런 양들이 보존된다는 사실만으로는 설명하기 어려운 자연의 현상들이 무척 많이 있다. 대표적인 예가 열의 흐름이다. 컵에 얼음을 담고 따뜻한 물을 부어 한참을 내버려 두면, 컵 안에는 미지근한 물만 남는다. 하지만 미지근한 물을 아무리 내버려 두어도 따끈한 물과 얼음으로 갈라지지는 않는다. 어느 경우이든 운동량이나 에너지 보존이 깨어지지는 않지만, 왜 얼음이 녹아 미지근해지는 현상만 일어나는 것일까? 보존 법칙만으로는 충분히 설명할 수 없다.

엔트로피는 물리계의 무질서의 정도를 나타낸다.

예를 들어, 새 학기를 맞아 깨끗하게 정리해 둔 책상은 십중팔구 일주일 정도 지나면 금세 어지럽혀질 것이다. 연필꽂이에 가지런히 꽂혀 있던 연필이며 온갖 펜들이 책상 여기저기 나뒹굴고, 줄 맞춰 늘어서 있던 책들도 두어 권쯤 자기 몸을 활짝 펼친 채 책상 위에 널찍하게 자리를 차지하기 일쑤다. 여기에 지우개, 책갈피, 메모지까지 가세하면 우리 책상은 난잡하기 이를 데 없이 '무질서해진다.' 이처럼 어떤 물리계가 이전보다 더 무질서해지면 우리는 그 계의 엔트로피가 증가했다고 말한다.

이와 비슷한 경우로 잉크 방울이 물 속으로 퍼지는 현상이 있다. 잉크 방울이 물에 들어가면 주변 물 분자들과 끊임없는 충돌을 통해 서로 뒤섞이게 되는데, 아주 좁은 영역에 잉크 분자가 몰려 있을 확률보다 물 전체에 고루 퍼져 있을 확률이 월등하게 높다. 그래서 시간이 충분히 흐르면 물 전체가 흐릿해진다. 하지만 아무리 많은 시간이 흘러도 잉크 분자들이 다시 한데 모여 잉크 방울을 만들지는 못한다. 이는 마치 우리가 비빔밥을 비비는 행위와도 똑같다. 한번 비벼지면, 다시는 원상태로 복원하지 못하는 것처럼.

엔트로피를 낮추려면 대가를 지불해야 한다. 즉, 어지러워진 책상을 정리하려면 우리는 힘을 들여 일해야만 한다. 미지근한 물을 얼음으로 만드는 냉장고는 모터를 돌려 냉매를 순환시키고, 이 냉매가 온도를 낮춰 얼음을 만든다.

엔트로피는 또한 숨겨진 정보의 양이라고도 해석할 수 있다. 책상 위의 연필을 다시 생각해 보자. 엔트로피가 아주 낮은 경우, 예컨대 열 자루의 연필이 모두 좁은 연필꽂이에 다 꽂혀 있는 경우에는 우리가 열 자루의 연필의 위치에 대해 상당한 정보를 갖고 있다고 말할 수 있다.

반면 열 자루가 모두 연필꽂이를 벗어나 책상 여기저기에 흩어져 있다면, 앞의 경우에서처럼 연필의 위치를 콕 집어서 말하기 어렵다. 다시 말하자면 엔트로피가 증가하면서 연필의 위치에 대한 정보가 숨겨진 것이다. 물속에 떨어뜨린 잉크의 예를 들자면 잉크 방울의 정보가 물속 전체로 퍼져나가 버린 것과 같다.

출처: 네이버 지식백과(물리 산책).

## 5. 여도(餘桃)의 죄

'여도의 죄'라는 말이 있다. '여도'란 남을 '여(餘)'자에 복숭아 '도(桃)'자, 곧 '먹다 남은 복숭아'라는 뜻이다. 그러니 '여도의 죄'란 '먹다 남은 복숭아의 죄'라는 뜻이다. 이 말에는 옛날이야기가 담겨 있다.

옛날, 중국에는 '위(衛)'나라가 있었다. 위나라의 왕은 미자하라는 소년을 몹시 귀여워했다. 어느 날, 미자하는 고향에 있는 어머니가 아프다는 소식을 듣게 되었다. 미자하는 걱정이 되어 안절부절못하다가, 왕의 수레를 몰래 타고 고향으로 내려가 버렸다. 그런데 위나라는 법률로 허락 없이 왕의 수레를 탄 사람은 다리를 자르는 벌을 받게 되어 있었다. 신하들은 법률대로 미자하의 다리를 잘라야 한다고 입을 모아 말하였다. 그러나 왕은 미자하를 도리어 칭찬하였다.

"그만두시오. 다리 잘리는 벌도 두려워 않고 아픈 어머니한테 달려갔으니, 미자하의 효성스러운 마음은 칭찬을 받아야 마땅하오."

이렇게 해서 미자하는 죄를 짓고도 도리어 칭찬을 받았다.

또 한 번은 왕과 미자하가 과수원에 갔다. 미자하가 복숭아를 한 입 베어 먹어 보니 맛이 아주 달았다. 그래서 제가 먹던 것을 왕에게 내밀었다.

"이 복숭아 좀 드셔 보세요. 아주 달고 맛있습니다."

그것을 본 신하들은 깜짝 놀랐다.

"아니, 그게 무슨 버릇없는 짓인가! 감히 왕한테 제가 먹다 남은 복숭아를 주다니!"

"세상에 그런 몹쓸 짓을 저지르고도 살아남기를 바라느냐?"

신하들은 모두 미자하한테 벌을 주어야 한다고 말하였다. 그러나 왕은 껄껄 웃으며 말하였다.

"그럴 필요 없소. 맛있는 것을 혼자 먹지 않고 나누어 먹으려 하니, 미자하의 마음씨가 얼마나 아름답소!"

왕은 미자하를 또 용서해 주었다.

그러나 세월이 흘러 미자하가 나이를 먹자, 왕도 더 이상 미자하를 사랑하지 않게 되었다.

그런 어느 날, 미자하는 작은 잘못을 저질러 왕의 꾸지람을 듣게 되었다.

왕은 크게 화를 내며 말하였다.

"너는 예전에 감히 허락도 없이 내 수레를 몰래 타고 고향에 내려간 죄를 지은 놈이다. 게다가 너는 먹다 남은 복숭아를 왕한테 먹으라고 내민 죄도 저질렀다. 너처럼 괘씸한 놈은 더 이상 가만둘 수가 없다. 여봐라! 이놈을 당장 끌어내 큰 벌을 주도록 하라!"

'여도의 죄'란 바로 이 이야기에서 나온 말이다.

미자하가 먹다 남은 복숭아를 왕한테 내민 일을 두고, 왕은 기분에 따라 처음에는 죄가 아니라고 했다가 나중에는 죄라고 하였다.

'여도의 죄'란 이렇게 '기분에 따라 멋대로 바뀌는 죄'를 뜻한다.

출처: 위기철(1993).

## 6. 오이디푸스

요약 그리스 신화에 나오는 테베의 왕으로 신탁에 따라 아버지를 죽이고 어머니와 결혼하는 비극적인 운명을 겪었다.

고대 그리스 도시 테베(Thebes)의 왕 라이오스(Laius)와 왕비 이오카스테(Iocaste)의 아들로 태어났다. 그러나 그는 '장차 아비를 죽이고 어미를 범한다'는 신탁으로 인해 태어나자마자 친부모에게 버림받고 코린토스의 왕 폴리보스(Polybus)와 왕비 메로페(Merope)의 손에 길러졌다. 훗날 오이디푸스는 괴물 스핑크스(Sphinx)의 수수께끼를 풀어 테베의 영웅이 되었으나 신탁이 예언한 비극적인 운명

을 피하지 못하고 스스로 장님이 되는 고통을 겪었다. 호메로스(Homeros, BC 800?~BC 750), 아이스킬로스(Aeschylus, BC 525?~BC 456?), 에우리피데스(Euripides, BC 484?~BC 406?), 소포클레스(Sophocles, BC 496~BC 406), 세네카(Seneca, BC 55?~AD 39) 등 고대 그리이스, 로마 작가들을 통해 관련 신화가 다양하게 전해 내려오고 있다.

판본에 따라 약간씩 차이가 있으나 신화의 대략적인 줄거리는 다음과 같다. 왕비 이오카스테와의 사이에서 자식이 없는 것을 고민하던 라이오스 왕은 도움을 얻고자 신전을 찾아갔다. 그러나 사제는 만일 왕비가 아들을 낳는다면 그 아이가 장차 아버지의 몰락을 가져올 것이라는 불길한 신탁만을 전할 뿐이었다. 얼마 뒤 이오카

스테는 임신을 하였고 아들을 낳았다. 걱정에 휩싸인 왕은 아들을 죽이기로 결심했다. 그는 아이의 발목을 가죽 끈으로 묶어 못질을 하고는 양치기들의 우두머리를 시켜 키타이론(Cithaeron) 산에 갖다 버리라고 명령했다. 그러나 마음 약한 양치기는 갓난아이를 죽이지 못하고 코린토스에서 온 다른 양치기들에게 넘겨주었다. 코린토스의 양치기들은 아이를 자신들의 왕인 폴리보스에게 데려갔고, 그는 아이를 양자로 삼기로 결심하였다. 발견 당시 아이의 발이 상처로 인해 너무나 부풀어 올라 있었기 때문에 폴리보스와 그의 아내 메로페는 아이에게 고대 그리스어로 '퉁퉁 부은 발'이라는 뜻의 오이디푸스라는 이름을 붙여 주었다고 한다.

코린토스의 왕자로 성장한 오이디푸스는 델포이 신전을 찾아갔다가 자신이 아버지를 죽이고 어머니와 결혼할 것이라는 신탁을 듣게 되었다. 폴리보스를 자신의 친아버지로 알고 있던 오이디푸스는 가혹한 운명을 피하고자 코린토스를 떠났다. 그러던 어느 날 테베로 가는 좁은 길목에서 그는 라이오스 일행과 마주쳤고 누가 먼저 지나갈 것인가를 두고 시비가 붙었다. 오이디푸스는 라이오스 왕의 시종 하나가 자신의 말을 죽이는 것을 보고 분노해 그들 모두를 죽이고 말았다.

진실을 모른 채 테베에 도착한 오이디푸스는 머리는 여자이고 몸은 사자이며 독수리의 날개를 가진 괴물 스핑크스와 마주쳤다. 그 괴물은 높은 바위 위에 앉아 지나가는 사람에게 수수께끼를 내고 풀지 못하면 바로 잡아먹었기 때문에 당시 테베 전역은 큰 두려움에 떨고 있었다. 다행히 오이디푸스는 수수께끼를 모두 풀었고 스핑크스는 분을 참지 못하고 절벽에서 뛰어내렸다. 오이디푸스가 직접 스핑크스를 죽였다는 이야기도 있다. 테베인들의 환호를 받으며 왕위에 오른 오이디푸스는 어머니인 줄도 모르고 과부가 된 이오카스테 왕비를 아내로 삼아 자식들까지 낳았다. 그러자 테베에는 원인 모를 전염병이 돌기 시작했다. 오이디푸스는 걱정스런 마음에 신전을 찾았고 라이오스 왕의 죽음에 관한 진실을 밝혀야지만 역병이 그칠 것이라는 신탁을 전해 들었다. 그는 사건을 파헤치던 중 자신이 저지른 일을 알게 되었다. 충격과 고통 속에서 오이디푸스는 스스로 두 눈을 뽑았고, 왕비도 자살했다. 이후 오이디푸스의 운명에 대해서는 여러 가지 설들이 전해 오고 있다. 그가 딸 안티고네(Antigone)와 함께 방랑의 길을 떠났다가 아테네 근방의 콜로노스(Colonos)에서 죽음을 맞이하여 그곳의 수호신이 되었다는 이야기도 있고, 계속해서 테베를 통치하다 다시 새 부인을 맞이했다는 설도 있다.

한편, 정신분석학자들은 이 이야기에서 '오이디푸스 콤플렉스(Oedipus complex)' 이론의 명칭을 따오기도 했다. 그것은 사내아이가 유아기 때 무의식적으로 이성인 어머니에게 독점욕과 일종의 성적 애착을 가지며, 반대로 동성인 아버지는 경쟁자로 인식해 질투와 반감의 감정을 갖게 된다는 학설이다. 프로이트(Sigmund Freud, 1856~1939)는 1899년 발표한 『꿈의 분석(Die Traumdeutung)』에서 이 이론을 처음 소개하였는데, 그가 활동했을 당시인 19세기 말은 파리와 오스트리아 등지에서 소포클레스의 비극작품 「오이디푸스 왕」이 상연하여 큰 인기를 끌고 있던 때였다. 한때 프로이트의 동료였던 심리학자 융(Carl Gustav Jung, 1875~1961)은 거꾸로 여성이 아버지에게 갖는 성적인 동경과 어머니에 대한 경쟁의식을 '엘렉트라 콤플렉스(Electra complex)'라 명명하기도 했다.

출처: 네이버 지식백과(두산백과).

### 7. 자비의 원칙

논증자의 논증을 해석하여 재구성할 때 따라야 할 일반적 원리가 자비의 원리이다. 자비의 원리(principle of charity)는 논증자의 주장을 가장 설득력 있고 타당한 입장에서 이해해 주는 것을 의미한다. 논증을 재구성하는 과정에서 마치 논증자가 자신의 논증을 평가하는 것처럼 논증자의 입장에서 가능한 한 최상의 논증이 되도록 논증을 재구성해야 한다는 원리이다. 논증자가 마음속에 갖고 있는 생략된 전제나 결론이 무엇인지를 아는 것은 어렵거나 불가능하다. 이러한 경우 자비의 원리는 가능한 한 관대하게 논증을 해석하는 것이다.

출처: 유순근(2019: 117-118).

## 8. 자연선택

생명 자연계에서 그 생활 조건에 적응하는 생물은 생존하고, 그러지 못한 생물은 저절로 사라지는 일을 말하며 다윈이 도입한 개념이다.

## 9. 평론(評論) 또는 논평(論評, 문화어: 논평), 비평(批評)

**사회 전 분야에 대해 평가하는 작업을 말한다. 예술 작품, 문화 현상, 상품 등 평론의 대상에는 제한이 없다(위키백과).**

문학 평론(文學評論)은 문학 연구라고도 한다. 평론의 대상과 방법이 다양하여서, 정의는 모호하다. 소설가와 작품뿐만 아니라 문학과 그 주변 전반이 다루어져 학제적인 성격을 갖는다. 연구 대상의 성격에 따라 "문예" 또는 "문학"이라는 호칭이 어울리지 않는 때도 있다. 근현대 문학 평론은 활자로 제공되는 경우가 많지만, 인터넷 등 기술의 발달과 함께 다양화해 왔다. 학회지에 게재되는 논문뿐만 아니라 주간지와 신문 서평란에 실리기도 한다.

# 2부

# 논 리

# 2부 논 리

## 들어가는 말

'논리'나 '논리적'이라는 표현은 우리 일상생활 여러 곳에 편재되어 있다. "내가 읽은 책은 논리적 일관성이 없더라!"나 "네 말은 참 논리적이야!" 등 여러 표현에서 등장한다. 그러나 우리는 그것이 과연 무엇일까라고 자문한 적은 거의 없을 것이다. 왜냐하면 그러한 표현을 그냥 당연시했기 때문이다. 그러나 학문 활동을 하거나 지성적 삶을 추구한다면 그러한 당연시하는 태도에서 나와 물음을 제기하는 용기가 필요하다.

오늘날 궁금한 점이 있으면 과학기술의 힘을 빌려 짧은 시간에 답이나 해결책을 찾는 삶을 살기에 더 이상 물음을 던지는 삶은 중요하지 않아 보인다. 한마디로 감탄(!)이 산재하고 물음(?)이 거의 없는 삶을 산다는 것이다. 물론 감탄하거나 공감하는 삶이 부정적이라는 말은 아니다. 문제는 지적 호기심이 없어진 세상이 되었다는 것이다.

사실은 불확실하고 가치는 논쟁에 휩싸여 있는 시대를 살아가는 우리는 '논리'를 아는 것이 필수적이다. 우리가 언어를 부모로부터 자연스럽게 습득하듯이 '논리'를 무의식적으로 알 수 있다고 생각하면 오해다. '논리'는 체계적인 학문의 영역이어서

의식적인 노력을 통하여 학습하는 것이 필수다.

'논리'를 아는 것에 대한 부담은 있다. 그래서 학술적 전문성을 담보하기보다는 교양으로써 학문생활이나 사회생활에서 만나게 될 여러 가지 문제 상황에서 가능하면 보다 합리적이고 이성적인 선택을 통하여 공통의 의견으로 진보할 수 있는 토양을 제공하는 것이 목적이다.

아무쪼록 이 책의 독자들이 좋은 질문을 던지는 비판적 사고를 하는 삶과 그런 사고를 통한 논리적인 삶을 향유하길 기원한다. 아울러 공동 집필을 제의한 최려원 교수님께 감사드린다.

2021년 8월

## 1. '논리'란?

논리란 바로 '생각의 힘'이다. '생각'은 고민과 확연히 구분되는 말이다. 고민은 하면 할수록 미궁 속으로 빠지고, 생각은 그와 반대로 미궁에서 나오는 실마리를 제공하는 것이다. '힘'은 우리가 살아가는 데 필수적인 조건이다. 누구나 힘을 가지길 원하기 때문이다. 그렇다면 '생각을 하는 이유'는 매 순간 직면하는 사소하거나 중요한 문제들을 올바르게 해결하는 힘이라고 할 수 있다.

일반적으로 우리는 '모를 때'의 감정들은 대부분 답답하고 두려운 부정적 감정을 갖게 되고 그것을 어떻게든 넘어서서 '알려고' 노력한다. 이때 '논리'라는 도구를 사용하면 비교적 현명하고 신속하게 앎의 경지에 도달하는 것이다. 마치 미지에서 출발하여 앎(知)으로 이끄는 여행지도와도 같다. 우리가 미지의 세계로 여행을 떠나기 전, 지도를 준비하는 것은 필수조건이다.

말이나 글도 따지고 보면 생각에서 비롯된다. 그래서 논리에 맞게 말하려면 그 말이나 글이 현실적으로 옳은지 그른지를 충분히 생각해 보아야 한다. 비논리란 논리에 맞지 않은 것을 이르는 말이다. 다시 말하면, 비논리란 현실적으로 그른 생각과 표현을 일컫는 말이다. 그렇다면 우리는 어떻게 하면 올바른 말하기와 글쓰기가 가능할까? 정답은 의식적인 노력이라고 할 수 있는 학습이다. 논리적인 능력은 저절로 생기는 것이 결코 아니다. 우리는 대화를 할 때 상대방의 주장이 분명히 그르다는 것을 알면서 적절하게 표현하지 못해 속을 태우는 경우가 종종 있다. 그 때 만약 논리를 의식적으로 학습했다면, 대화 상대방의 감정을 상하게 하지 않고도 충분히 그른 점을 적절하게 지적하거나 더 좋은 해결책을 제시할 수 있는 장점을 확보하여 표현할 수 있다.

우리는 보통 '애매모호하다'는 말을 합해서 '불분명하다'는 뜻으로 사용하지만, 논리학에서는 이 두 가지를 엄격하게 구분하고 있다. 먼저 '애매하다'는 것은 어떤 단어나 문장이 두 가지 이상의 뜻으로 해석되는 경우를 말한다. '밤', '사과' 같은 단어가 그 예다. '모호하다'는 말은 단어나 문장의 뜻이 지시하는 것이 분명치 않다는 뜻이다. '잘생겼다', '부자다'라는 표현이 그 예다. 얼마나 잘 생기거나 부를 가져야 하는지 판단의 기준이 없는 경우이다.

따라서 논리를 학습한다는 것은 기본적은 개념, 판단 그리고 추론을 이해하고 잘못된 논리인 오류를 아는 것이다. 개념이란 '어떤 사물이나 사람에 관한 생각'을 뜻한다. '흰색, 백조, 구부러진다'와 같은 우리가 사용하는 낱말들은 모두 개념을 나타낸 것이다. 판단이란 '어떤 대상의 옳고 그름을 결정하는 일'로 '무엇이 어떠하다'라고 결정을 하는 것이다. 이런 판단을 언어로 표현한 것이 바로 문장이라고 할 수 있다. 참이란 거짓이 아닌 올바른 진실을 뜻하는 말이고, 거짓이란 사실이 아닌 것을 뜻하는 말이다. 참과 진실은 때와 장소에 상관없이 항상 변하지 않는 올바른 사실이다. 예를 들면, 갈릴레이의 지동설은 참이고 진실이었기 때문에 시간이 흐른 뒤에 인정을 받을 수 있었던 것이다. 추론이란 알고 있는 것(전제, 근거)에서 새로운 것(결론, 주장)을 끌어내는 것을 말한다. 그래서 당연히 알고 있는 것은 하늘이 무너져도 사실, 즉 참이어야만 한다. 오류란 논리적으로 타당하지 않고 건전하지 않은 진술이다. 이러한 것들을 체계적으로 이론화한 학문이 바로 논리학이다.

## 1) 논리학의 어원

논리학은 말 그대로 논리에 관한 학, 논리에 관한 연구이다. '논리'에 대한 표준국어사전의 정의는 다음과 같다. "① 말이나 글에서 사고나 추리 따위를 이치에 맞게 이끌어 가는 과정이나 원리. 논리의 비약/논리가 정연하다 /그 나름대로 논리를 펴다 /그와 같은 논리의 전개에는 많은 모순이 있다. /내 집이 잘되면 마을은 저절로 잘된다는 논리였다." "② 사물 속에 있는 이치. 또는 사물끼리의 법칙적인 연관. 기업 논리/힘의 논리/수요와 공급의 논리/약육강식의 논리/적자생존의 논리." "③ 논리=논리학(論理學)."

그리고 두산백과사전에 따르면 '논리'는 "a) 말이나 글에서 사고나 추리 따위를 이치에 맞게 이끌어 가는 과정이나 원리. b) 사물 속에 있는 이치. 또는 사물끼리의 법칙적인 연관"이라고 정의한다.

그렇다면 한자어 '논리(論理)'를 풀이해 보자. 논(論)이라는 글자는 말씀 언(言)+질서, 법칙, 원리라는 뜻의 륜(侖)자가 합쳐진 형성문자이다. 여기에 다스릴 리(理)가 합쳐져서 '논리'라는 말이 나왔다. 따라서 '논리'란 말을 풀어 보면, 말의 법칙과 원리를 따지는 것을 의미함을 알 수 있다. 한편, logic(논리, 논리학)은 그리스 말 epistle logic(=logos의 학)의 LOCKIES에서 유래했다. logic이 logos의 학이라고 할 때, logos란 무엇을 뜻하는가? Logos는 원래 legein, 즉 '모으다, 배열하다, 표현하다' 등의 동사에서 나온 명사로서, '이성 · 말 · 법칙 · 원리' 등을 뜻한다. 그러므로 영어의 logic은 여러 가지 사실을 수집하고, 그것들을 다시 배열하여, 무엇을 밝히는 것을 의미한다. 논리학은 바로 이 '말의 이치를 연구하는 학문'이다. 즉, 논리란? 논리

(論理)는 논증들을 분석하고, 논증들의 옳음과 그름을 평가하는 것을 다루는 연구 분야이다. 그러므로 논리는 비판적 사고의 중요한 부분이다.

**알아 두기**

논리학에서 평가를 위한 중요한 요소는 '타당성'과 '건전성'이다. 일상생활에서 어떤 논증(추리)을 완전히 평가하고자 한다면 논리적 올바름 이상의 것이 요구된다. 일반 상식으로 볼 때 좋은 논증이라면 그 논증이 올바를 뿐 아니라 그 전제가 참일 것을 요구한다. 올바르면서도 또한 그 전제가 모두 참인 논증을 건전한(sound) 논증이라 부른다. 일반적으로 올바름과 타당성이라는 말은 어떤 논증의 전제들과 그 결론 사이의 관계를 평가하는 데 사용되는 용어들이다. 이와 같은 용어들은 언명을 평가하는 데 사용되는 용어들이며, 어떤 논증의 전제와 결론 사이의 관계를 평가하는 데에는 사용되지는 않는다. 제대로 된 추리 형식은 추리의 근거, 즉 전제가 옳다면 어떤 경우에도 틀린 결과를 내지 않는다. 이러한 추리를 우리는 '타당(valid)'한 추리라고 한다. 논리학자는 바로 어떤 추리 형식이 이와 같이 절대로 오류를 만들지 않는 타당한 추리인지를 밝히려 하는 것이다. 타당하지 않은 추리를 '부당(invalid)'하다고 한다. 그 추리의 결과가 반드시 틀렸다는 것은 아니다.

## 2) 논리학의 특징

논리학은 일반적으로 다음과 같은 특징이 있다.

첫째, 사유나 생각의 형식을 다루는 점에 있어서 사유의 사실을 다루는 심리학과 구별된다.

둘째, 올바른 사유나 사고를 위해 지켜야 할 당위의 법칙(규범)을 연구하는 규범학이다.

셋째, 논리학은 언어의 올바른 사용을 통해서 존재하는 사물이나 대상을 더욱 정확히 이해하고 전달하는 것을 목적으로 한다. 따라서 논리학의 특징은 존재하는 사물을 밝히는 것이고 바르게 표현하는 것이다.

논리학을 공부하는 이유를 결론부터 말하자면, 잘못 생각하거나 표현하는 일이 없도록 정확한 추론과 그렇지 못한 추론을 구별하여 올바른 언어생활을 하는 데 있다. 때로는 나의 잘못된 판단(아집)이 나뿐만 아니라 다른 사람에게도 치명적인 결과를 가져다줄 수도 있고, 때로는 한 인간의 잘못된 추론과 판단(편견)에 의해 인류에게 커다란 재앙이 오기도 한다. 물론 문학이나 예술 등에까지 이러한 논리적 사고가 적용되어야 한다고 주장하는 것은 아니다. 그러나 학문의 세계나 사회적인 문제와 관련된 경우에 비논리적 사고나 판단에 의해 야기되는 여러 가지 불이익이나 부정적 결과가 생길 수 있다. 그래서 대화 또는 신문과 잡지 등에서 다양한 오류의 유형들을 찾아 정확하게 언어를 사용하는 방법을 익히는 것이 중요하다. 따라서 논리학을 제대로 학습하면, 첫째, 글과 말로 표현된 것을 분석하고, 둘째, 그것을 주의 깊게 평가하며, 셋째, 증거(입증자료)들이 필요할 때 증거들을 구하고, 넷째, 다양한 정보들을 일관적인 방식으로 함께 연결하고, 다섯째, 사고에서의 잘못을 피하려고 노력하고(오류를 피하는 것), 여섯째, 이치에 닿지 않는 것들에 대해 의문을 제기하고, 마지막으로 획득 가능한 최선의 정보 위에서 결정하고 계획하게 된다는 것이다.

### 3) 논리학의 과제: 애매모호 극복

어떤 표현의 올바름을 평가하기 위해서는 표현에서 사용되는 언어에 대해 각별한 주의를 기울일 필요가 있다. 어떤 표현의 결론이 그 표현의 전제들로부터 따라 나오는지를 결정할 수 있기 전에, 우리는 그 전제 문장들과 결론 문장이 무엇을 의미하는지를 알아야만 한다. 이러한 과제는 주로 논쟁에 사용되는 표현들이 지니는 애매함과 모호함 때문에 복잡해질 수 있다. 예를 들어, 우리는 일상에서 '애매모호하다'라는 표현을 그 의미의 정확성을 모르고 사용한다는 것이다.

애매성(Ambiguity)이란 어떤 표현이 뚜렷한 의미를 하나 이상 지닌다면 그 표현은 애매하다는 것이다. 일상 언어에서, '배'라는 단어는 애매하다. 그것은 우리가 먹는 '배', 타는 '배' 그리고 신체 일부분인 '배'의 의미가 있다. 이런 단어는 표현의 문맥 내에서 그것이 의도하는 바의 의미가 분명하지 않을 수 있다. 논증의 설득력이 다의성(equivocation)으로 불리는 애매한 용어들의 이중적 의미에 의존한다면 그 논증은 다의성의 오류(fallacy of equivocation)를 범한다고 말해진다. 이런 애매성을 극복하기 위해서 표현을 할 때 정확하게 묘사하는 것, 즉 관련 이미지를 떠올릴 수 있도록 의도적으로 노력하거나 단순히 지시하여 보여 주면 된다.

모호성(Vagueness)이란 한 표현은 그 표현의 적용 범위가 명확하지 않은 '경계 영역의 경우(borderline case)'가 발생할 경우 모호하다(vague)는 것이다. 예를 들어, 대머리, 늙은, 행복한, 부자 그리고 가느다란 등이 있다. 그리고 대부분 색에 대한 용어들도 모호하다. 왜냐하면 그것들에 '얼마나'라는 판단의 기준이 빠져 있기 때문이다. 이런 모호성은 대부분 전문가(과학자)에 의해 판단기준이 정해지는 경우가 많다.

## 생각해 보기

일상생활에서 자신이 체험한 논리적 삶의 장점을 이야기해 보시오.

# 2. 논리학의 구성요소

## 1) 개념

개념(槪念, Concept)이란 "어떤 특정한 사물을 지시하는 이름"을 말한다. 그런데 우리는 왜 특정한 사물에 특정한 이름을 부여하는가? 그것은 그 특정한 사물을 다른 사물들과 구별하여 인식하기 위해서이다. 이러한 구별을 위해서 우리는 일반적으로 "이것은 '산'이고 저것은 '강'이다."라는 식으로 말한다. 즉, 우리는 어떤 특정한 강가에 서서 그 강을 직접 지시하면서 "이것은 강이다."라고 말하고 멀리 보이는 어떤 특정한 산을 지시하면서 "저것은 산이다."라고 말함으로써 강을 다른 사물들로부터 구별하고 또 산을 다른 사물들로부터 구별하여 인식한다. 이 말에서 '강'이나 '산'은 각각 하나의 개념이라고 할 수 있다.

**알아 두기**

개념이라는 단어를 어원적으로 이해하면, 일단 영어에서 'concept'는 'con-'이라는 접두사(공통의, 집약된)와 '-cept'라는 접미어(취하다, 잡다)의 합성이고 독일어(Begriff)도 마찬가지로 'begreifen'의 과거분사 'begriffen(붙잡힌)'이다. 뿐만 아니라 한자 개념(槪念)도 대개 槪와 생각을 나타내는 念이다. 한마디로 쌀을 풀 때 평미레로 고르는 것처럼 생각을 대충 고르고 남는 것을 잡는다는 의미이다.

그런데 '강'이라는 개념으로써 우리는 지금 내가 지시하고 있는 이 특정한 사물만을 지시할 수 있는 것이 아니라 다른 강도 지시할 수 있다. 예컨대, 우리는 한강을 지시하기 위해서도 '강'이라는 개념을 사용하고 낙동강을 지시하기 위해서도 '강'이라는 개념을 사용하며, 심지어 나일강이나 미시시피강을 지시하기 위해서도 '강'이라는 개념을 사용한다.

그렇다면 개념이란 '특정한' 사물을 지시하는 이름이라는 앞에서의 정의는 잘못된 것인가? 그렇지는 않다. 단적으로 말해서 우리는 '특정한' 사물을 지시하기 위해서 '일반적인' 이름을 사용하지 않을 수 없다. 예컨대, 모든 동물이 이동할 수 있다는 사실을 식물이 이동할 수 없다는 것과 구별하여 인식하기 위해서 우리가 '동물'이라는 일반적인 개념을 사용하지 않는다고 가정해 보자. 개, 고양이, 호랑이, 사자, 독수리, 거미 등 모든 동물을 빠짐없이 열거할 뿐만 아니라 '개'도 역시 일반적인 이름이므로 더 구체적으로 멍멍이, 발발이, 바둑이, 삽사리 등 개 하나하나의 고유한 이름들을 모두 망라해야 할 것이고, 또 '고양이'도 역시 일반적인 이름이므로 나비, 야옹이, 진이 등 고양이 하나하나의 고유한 이름들을 모두 망라해야 할 것이며, 호랑이, 사자 등에 해당하는 고유한 이름들도 마찬가지로 모두 망라해야 할 것이다. 상상하기만 해도 머리가 터질 지경이다.

이처럼 우리가 특정한 사물을 지시하기 위해서 일반적인 이름을 사용하고 이 일반적인 이름을 개념이라고 한다면, 어떤 하나의 개념에 의해 지시되는 것은 특정한 하나의 사물이 아니라 그 특정한 하나의 사물을 포함하는 보편적인 그 무엇이라고 할 수 있다. 우리는 이러한 어떤 하나의 개념에 의해 지시되는 보편자, 즉 피지시체(被指示體)를 개념의 '의미(意味, meaning)'라고 부른다. 그러므로 엄밀하게 말한다면 개념이란 그것의 의미를 지시하는 이름이라고 해야 할 것이다.

그런데 개념의 의미는 현실적으로 존재하는 그 무엇이 아니라 우리의 사고를 통해서 구성된 일종의 구성물이다. 그렇다고 해서 그것이 전적으로 허구적인 가공물이라는 것은 아니다. 오히려 그것은 현실적으로 존재하는 특정한 사물들을 지각하여 얻은 심상(image)들을 분석하여 여러 가지의 속성들로 나누어 보고, 그 속성들 각각을 비교하고 또 다른 사물들의 속성들과도 비교하여 그 속성 중에서 그 개념으로써 불리어질 수 있는 모든 사물에 공통으로 속하는 속성들만을 추상(抽象)하고 개별적인 사물에게만 속하는 특수한 속성들을 사상(捨象)하여 구성한 의미체인 것이다. 우리가 이 어떤 보편자에 일정한 이름을 붙이게 되면, 그것이 바로 개념이다.

**알아 두기**

심상(image)이라는 용어는 좁은 의미에서 쓴다. 그러나 오늘날 일상적으로 통용되는 심상(image)의 의미는 이보다 광범위하다. 즉, 오늘날에는 아래에서 설명되는 표상이나 외부세계에 표현된 것도 모두 심상(image)라고 한다. 즉 심상(心象)은 감각작용을 통해서 마음속에 형성된 감각의 내용을 지칭한다. 예컨대, 우리가 어떤 것을 눈으로 볼 때 빛의 작용으로 인하여 우리의 마음(구체적으로는 망막)에는 그 어떤 것의 그림이 만들어진다.

이해를 쉽게 하기 위해서 빛을 고무공과 같이 반발력을 가진 알갱이라고 가정하고 생각해 보자. 한 사물에 쏟아지는 빛 알갱이 중에서 어떤 것은 그 사물 속으로 흡수되지만 어떤 것은 반사되어 튕겨 나온다. 이 반사된 빛 알갱이 중의 일부가 우리의 눈에 자극을 주면 우리의 시각 구조에 따라 그 자극이 망막에 전달되어 빛 알갱이를 화소(畵素)로 하는 하나의 그림이 만들어진다.

이것은 사진기의 구조와 같다. 사진기는 우리의 눈의 구조를 본떠 만든 고안물이다. 어떤 대상을 향해 대물렌즈를 맞추어 셔터(shutter)를 누르면 셔터가 열린다. 열린 셔터를 통해 사물에서 반사되어 오는 빛이 암실 안으로 들어와서는 필름에 흔적을 남긴다. 그리하여 필름에는 빛 알갱이를 화소로 하는 한 장의 그림이 그려지는 것이다. 이렇게 망막 혹은 필름에 그려진 한 장의 그림을 심상(image), 구체적으로 말해서 '시각 심상(image)'이라고 한다. 시각기관을 통해 만들어진 시각 심상(image)이 있다면, 다른 감각 기관을 통해서 만들어진 청각 심상(image)이나 촉각 심상(image)과 같은 심상(image)들도 있을 것이다. 결국 심상(image)이란 감각 작용을 통해서 만들어진 감각의 내용을 뜻한다.

## 2) 판단

심상(image)들을 연속해서 마음에 떠올리기를 '심상(image)으로 생각하기'라고 한다면, 개념들을 연속해서 마음에 떠올리는 것이 '개념으로 생각하기'이다. 그런데 개념으로 생각하기는 심상(image)들을 연속해서 마음에 떠올리기만 하면 되는 심상(image)으로 생각하기와 달리 개념들을 연속해서 마음에 떠올리기만 하면 되는 것이 아니다. 우리가 개념으로 생각하기 위해서는 두 개의 개념으로 묶인 '판단(判斷, judgement)'이라고 하는 기본적인 사고의 단위를 만들어서 사용해야 한다.

판단이란 어떤 사물이 어떤 속성을 갖는지, 어떤 상태에 있는지, 어떤 움직임 중에 있는지를 규정하는 사고작용이다. 따라서 판단은 항상 두 개의 개념을 갖는다. 이 중에서 하나의 개념은 판단의 대상이 되는 사물을 지칭하는 개념이고, 다른 하나의 개념은 그 사물의 속성이나 상태나 움직임을 서술하는 개념이다. 전자를 주어(主語) 개념(Subject)이라고 하고 후자를 술어(述語) 개념(Predicate)이라고 한다. 이처럼 판단은 주어 개념과 술어 개념으로 구성되지만, 그렇다고 해서 판단을 구성하는 것이 이 두 개념뿐인 것은 아니다. 이 밖에도 판단에는 주어 개념과 술어 개념을 연결해 주는 일종의 기능적인 역할을 하는 연계사(連繫詞, Copula)가 있다. 즉, 판단은 주어 개념과 술어 개념이 연계사를 통해서 통일되어 있거나 분리된 형식을 갖는다.

예를 들어, "이 장미꽃은 빨간색이다."라는 판단은 '이 장미꽃'이라는 주어 개념과 '빨간색'이라는 술어 개념이 '~은 ~이다.'라는 연계사에 의해서 통일된 형식이고, "소는 육식동물이 아니다."라는 판단은 '소'라는 주어 개념과 '육식동물'이라는 술어 개념이 '~은 ~이 아니다.'라는 연계사에 의해서 분리된 형식이다. 그러므로 모든 판단은 "S는 P이다/아니다."라는 형식으로 정형화될 수 있는데, 이 정형화된 형식을 판단의 표준형식이라고 한다.

**알아 두기**

영어에서는 "S is (not) P."라는 판단의 표준형식으로 사물의 속성, 상태, 움직임을 모두 나타낼 수 있다. "This flower is red.", "There is a book on the desk.", "A horse is running." 등과 같은 예에서 볼 수 있는 것처럼 사물의 속성, 상태, 움직임을 나타내는 판단들이 모두 "S is P."라는 똑같은 형식을 갖는다. 그러나 한국어에서는 사정이 달라진다. 위에서 예로 든 영어 판단을 번역해 보면, "이 꽃은 빨간색이다.", "책상 위에는 한 권의 책이 있다.", "한 마리의 말이 달리고 있다."가 된다. 첫 번째 예에는 큰 문제가 없지만, 두 번째와 세 번째 예에는 주어 개념과 술어 개념이 명사로 확정되기 어렵다는 문제가 남는다.

이러한 난점을 해결하기 위해 우리는 "S는 P의 상태에 있다."와 "S는 P 중이다."라는 또 다른 표준형식들을 제시한다. 이 표준형식에 따르면 위의 두 번째 예는 "한 권의 책은 책상 위에 있음의 상태에 있다."로, 세 번째 예는 "한 마리의 말은 달리기 중이다."로 번역될 수 있을 것이다. 물론 이 문장들은 다소 어색하다. 그러나 판단의 표준형식은 판단을 문장으로 표현하는 일반적인 표현양식이 아니라 판단의 주어 개념과 술어 개념을 확정하기 위한 방편일 뿐이므로 큰 무리는 없다고 본다.

이처럼 판단이 주어 개념과 술어 개념만으로 이루어지는 것이 아니라 연계사를 통해 두 개념이 연결된 형식을 갖기 때문에, 개념으로 생각하기는 하나하나의 개념을 연속해서 마음에 떠올리기만 하면 되는 것이 아니다. 오히려 개념으로 생각하기는 판단을 하나하나 연속해서 마음에 떠올리기라고 해야 할 것이다. 간단하게 말하면 개념으로 생각하기는 마음속으로 말을 이어 가기라고도 할 수 있겠다.

개념으로 생각하기의 대표적인 사례는 자유연상(自有聯想, free association)이다. "원숭이 엉덩이는 빨갛다, 빨간 것은 사과, 사과는 맛있다, 맛있는 것은 바나나, 바나나는 길다, 긴 것은 기차, 기차는 빠르다, 빠른 것은 비행기, 비행기는 높다, 높은 것은 백두산." 이와 같은 연상의 원리는 주어진 하나의 판단에서 그 술어 개념을 주어 개념으로 하는 다른 판단을 계속 만들어 가는 것이다.

심상(image)으로 생각하기를 통해 우리가 생각할 수 있는 것은 대부분 개념으로 생각하기로 환원될 수 있다. 앞에서 보았지만, 기억은 순수하게 심상(image)의 표상이 연속되는 것이지만 그 과정을 말로 다시 설명할 수 있다. 또 역으로 개념으로 생각하기를 통해 생각할 수 있는 것도 역시 대부분 심상(image)으로 생각하기로 환원될 수 있다. 앞에서 본 연상의 경우 이어지는 각각의 판단은 사실상 하나하나의 심상(image)으로 나타낼 수 있다. 즉, 빨간색의 원숭이 엉덩이라는 시각 심상, 빨간색의 사과라는 시각 심상, 시고 달콤한 사과 맛의 미각 심상, 달콤하고 부드러운 바나나 맛의 미각 심상, 길게 생긴 바나나의 시각 심상 등등이 표상된다. 다른 한편 결코 심상(image)으로 환원될 수 없는 순수하게 개념만으로 생각이 이루어지는 경우도 있다. 수학이나 철학과 같은 학문은 이와 같은 순수한 개념으로만 하는 생각을 필요로 한다.

### 알아 두기

보이는 대로 판단한다. 또는 아는 대로 판단한다?: 관찰의 이론 의존성 판단은 관찰을 통해서 이루어진다. 관찰의 이론 의존성에 관한 생각은 철학자 핸슨(Hanson, 1924~1967)의 다음과 같은 말을 통해서 간략하게 설명된다. "보는 것은 시각적인 경험을 갖는 것뿐만 아니라, 또한 시각적인 경험을 가지는 방식이다." 그는 서로 다른 두 관찰자가 시각적인 경험을 가지게 되는 방식이 다르기에, 즉, 똑같은 그림을 보면서도 이 그림을 각기 다른 이론적 맥락에서 보기 때문에 그림에 대한 두 사람의 시각적 경험의 내용이 달라지는 것이라고 주장했다. 그는 '해석'이라는 것이 '보는 것'과 분리될 수 없다고 생각하였기 때문에 그렇게 말한 것이다.

관찰자의 관찰에 대한 설명은 그가 어떤 이론을 받아들이고 있느냐에 따라서 결정된다는 것이다. 예를 들어, 우리와 같이 의학 지식이 없는 사람들은 아무리 X-선 사진을 들여다보아도 어디에 이상이 있는지 전혀 알 수 없지만, 의사나 방사선 전문가들은 동일한 음영을 가지고 우리가 본 것과 전혀 다른 이야기를 한다는 것이다. 이런 차이는 의학 지식을 가지고 있느냐 없느냐이다.

### 3) 추리와 추론: 논리적으로 생각하기와 논리적으로 표현하기

앞에서 언급한 '논리'라는 개념을 좀 더 외연을 확장하여 알아보자. '논리'는 우리의 고유한 한자어 낱말이 아니라 logic이라는 영어 단어의 번역어이다. 영어 logic은 사고의 형식이나 법칙 혹은 그것을 연구하는 학문(논리학)을 뜻한다. 그런데 동아시아의 한자문화권에서는 왜 이 logic이라는 용어를 '생각하기(思)의 이치(理)'를 뜻하는 '사리(思理)'나 혹은 그와 유사한 용어로 번역하지 않고 '말하기(論)의 이치(理)'를 뜻하는 '논리(論理)'라는 용어로 번역했을까?

영어 logic이 고대 그리스어 logos에서 유래했다는 사실을 고려하면 그 사정을 어느 정도 이해할 수 있다. 사전(辭典)에 규정된 logos의 일차적인 의미는 '말, 특히 마음속에 생각된 것을 표현하는 말'이다. 여기에는 말하기가 생각된 것을 표현하는 것이라는 주장이 전제되어 있다. 즉, 말하기는 내가 연속해서 떠올리는 심상(image)들이나 개념들을 하나하나 낱말로 표현하는 과정이라는 것이다. 그렇다면 논리를 생각하기의 이치라고 하건 말하기의 이치라고 하건 큰 차이가 없다. 생각하기의 이치가 곧 말하기의 이치이기 때문이다.

그러나 아직도 문제가 남는다. 말이 생각의 표현이라면 이 둘 중에서 더 일차적인 것은 생각이라고 해야 할 것이다. 즉, 먼저 생각을 하고, 그 다음에 이 생각한 것을 말로 표현한다고 보아야 할 것이다. 그렇다면 논리를 말하기의 이치라고 하기보다는 생각하기의 이치라고 하는 것이 더 좋을 것이다. 왜냐하면 생각하기의 이치가 말하기에도 그대로 나타나는 것이라고 하면 될 것을 말하기의 이치를 따로 세워 일을 더 복잡하게 만들어 버릴 경우가 있기 때문이다.

그렇다면 logic을 '논리'라고 번역한 것이 잘못된 것인가? logos의 의미를 좀 다른 방향에서 참조하면 그렇지 않다. logos의 근원적인 의미를 '말'이라고 한다면, 이것의 의미를 더욱 명확하게 하기 위해서는 '말'을 뜻하는 다른 낱말인 'mythos'와의 차이를 분명하게 해야 한다.

logos와 mythos는 그 용법과 의미에 있어서 유사한 측면들을 많이 갖고 있긴 하지만, 세부적으로는 하나의 본질적인 차이를 나타낸다. 즉, mythos가 logos와 대비되는 차원에서 갖는 의미는 '역사적인 이야기(historic tale)'를 뜻한다는 것이다. 역사는 일종의 기억이다. 앞에서 보았듯이 기억은 일차적으로 심상(image)으로 생각하기를 통해서 이루어진다. 이러한 점에서 mythos는 사실적인 역사뿐만 아니라 역사와 같이 심상(image)으로 생각하기를 통해 이루어지는 서사적(narrative) 이야기를 통칭하는 용어라고 할 수 있는데, 이와 대비되는 것이 logos라면 logos는 개념으로 생각하기를 통해 이루어진 생각을 표현한 말을 통칭하는 용어라고 할 수 있을 것이다.

개념으로 생각하기를 통해서 이루어진 생각을 표현하는 말로서의 logos의 의미를 고려한다면 logic을 '논리'라고 번역한 것은 탁월한 번역이다. 앞에서 말했듯이 '개념으로 생각하기'는 사실상 '마음속으로 말하기'와 같기에 logic을 '논리'로 번역하는 것은 logic이 모든 생각하기의 법칙을 다루는 것이 아니라 개념으로 생각하기의 법칙만을 다룬다는 한계를 잘 나타낸다.

달리 표현하면 이것은 개념으로 생각하기에만 법칙이 있을 수 있고 심상(image)으로 생각하기에는 법칙과 같은 것이 있을 수 없다는 것을 뜻한다. 법칙이란 어떤 진행 과정에서 필연적인 선후관계를 성립시키는 힘, 즉 선행하는 어떤 것 다음에는 필연적으로 특정한 다른 어떤 것이 뒤따라 나타나도록 하는 힘이다. 인과법칙은 일정한 원인이 주어지면 필연적으로 특정한 결과를 나타나게 하는 힘이다. 마찬가지로 생각하기의 법칙, 즉 논리는 일정한 판단이 주어지면 필연적으로 특정한 판단을 떠올리도록 하는 힘이다.

이러한 규정에 따르면 앞에서 개념으로 생각하기의 대표적인 사례로 본 연상도 논리적인 것이라고 할 수 없다. 왜냐하면 연상에 있어서 처음에 주어진 판단의 술어 개념을 주어 개념으로 하는 판단들은 무수하게 많을 수도 있지만 실제로는 그 중에 하나만이 '우연히' 선택되었다고 볼 수 있기 때문이다. 예컨대, "원숭이 엉덩이는 빨갛다."라는 주어진 판단의 술어 개념인 '빨간 것'을 주어 개념으로 삼는 판단은 무수하게 만들어질 수 있다. "빨간 것은 사과이다."라는 판단은 그 무수한 판단 중에서 우연히 선택된 하나일 뿐이다.

그러므로 연상하기는 논리적으로 생각하기가 아니다. 논리적으로 생각하기는 주어진 어떤 판단으로부터 필연적으로 새로운 하나의 판단이 도출되는 과정을 가져야 한다. 이러한 점에서 논리적으로 생각하기의 대표적 사례는 '추리(推理, inference)'이다.

추리란 주어진 하나 또는 그 이상의 기지(旣知)의 판단으로부터 하나의 미지(未知)의 판단을 도출하는 사고 과정을 말한다. 여기서 주어진 하나 또는 그 이상의 기지의 판단을 전제(前提, premise)라고 하고, 이로부터 도출되는 새로운 하나의 판단을 결론(結論, conclusion)이라고 한다. 따라서 추리란 주어진 전제로부터 하나의 결론을 도출하는 사고 과정이라고 할 수 있다.

그런데 추리에 있어서 전제가 '기지의' 판단이고 결론이 '미지의' 판단이라는 것은 무엇을 의미하는가? 그것은 단적으로 말해서 그 판단의 진릿값(truth-value)이 이미 알려져 있거나 아직 알려져 있지 않다는 것이다. 우리가 어떤 판단의 진릿값을 알고 있다는 것은 우선 그 판단이 지시하는 사물의 성질이나 상태나 움직임을 직접 확인하거나 그것을 확인한 사람으로부터 그것에 대한 믿을 만한 정보를 얻을 수 있다는 것을 의미한다. 반면 우리가 어떤 판단의 진릿값을 아직 알고 있지 않다는 것은 그 판단이 지시하는 사물의 성질이나 상태나 움직임을 직접적으로나 간접적으로 확인할 수 없다는 것을 의미한다. 이처럼 어떤 하나의 판단의 진릿값을 대응의 방법을 통해서 알 수 없다면, 우리는 이미 진리라고 알고 있는 다른 판단들과의 논리적 관계에 따라 그 판단의 진릿값을 도출하는 방법을 사용할 수 있다. 이러한 측면에서 보자면 추리란 하나 이상의 전제를 기초로 하여 그것과의 논리적 관계에 의거하여 결론의 진릿값을 결정하려는 사고 과정이라고 할 수 있다.

**알아 두기**

판단은 주어 개념으로 지시되는 어떤 사물에 대해 그것의 성질이나 상태나 움직임을 술어 개념으로써 규정하는 사고작용이다. 이때 술어 개념이 주어 개념에 의해 지시되고 있는 사물의 성질이나 상태나 움직임을 올바르게 나타내고 있는가 그렇지 않은가에 따라 판단은 '참된' 판단이 될 수도 있고 '거짓된' 판단이 될 수도 있다. 모든 판단은 참이거나 거짓이라는 값을 가져야 한다. 이것이 바로 판단의 '진릿값'이다.

결국 추리에 있어서 전제와 결론 사이에는 일정한 논리적 관계가 있어야 한다. 즉, 전제는 결론에 대한 충분한 근거가 되어야 하며, 결론은 전제와의 엄밀한 논리적 정합성(整合性)을 가져야 한다. 이처럼 어떤 추리의 전제와 결론 사이에 올바른 논리적 관계가 성립할 때 이 추리를 올바른(correct) 추리라고 하며, 그렇지 않은 추리를 올바르지 않은(incorrect) 추리라고 한다. 그러므로 진정한 의미에서 논리적으로 생각하기라고 할 수 있는 것은 '올바른 추리'뿐이라고 할 수 있겠다.

## 생각해 보기

논리학이라는 학문을 자신의 언어로 쉽게 풀어 구체적인 예를 들어 설명하시오.

## 3. 오류: 비형식적 오류

오류(誤謬, fallacy)란 본래 잘못된 관념 혹은 거짓된 믿음을 지시하는 말이지만 논리학에서는 올바르지 않은 추론을 지시하는 말로 사용된다. 따라서 '오류'라는 말은 더 정확하게 말해서 '오류추론'을 의미한다.

일반적으로 오류는 형식적 오류와 비형식적 오류로 구분된다. 형식적 오류는 말 그대로 형식 중에서 타당하지 않은 형식으로써 추론을 전개해서 발생하는 오류이다. 그리고 비형식적 오류는 말 그대로 추론의 형식과 관계없이 발생하는 오류이다. 이 비형식적 오류에는 언어를 잘못 사용함으로써 발생하는 오류와 우리가 가지고 있는 배경지식(자료)이 거짓된 것이어서 발생하거나 자료를 잘못 적용해서 발생하는 오류가 있다. 일반적으로 전자는 언어적 오류라고 불리고, 후자는 자료적 오류라고 불린다.

다른 한편, 일반적인 논리학의 체계에서는 오류론에 포함하여 다루고는 있지만 사실상 오류라고 하기보다는 오히려 '기만'이라고 불러야 할 일련의 오류들이 있다. 이것은 전제와 결론 사이에 아무런 논리적 관계가 없지만, 상대방의 심리적 상태나 상대방이 가지고 있는 특수한 정황에 호소하여 자신의 결론을 그럴듯하게 보이도록 하는 일종의 속임수를 말한다. 이러한 의미에서 이것을 비논리적 유관성의 오류라고 부르는 것이 적절하다.

## 1) 언어적 오류

언어적 오류는 언어를 잘못 사용하여 나타나는 오류이다. 언어의 구조나 기능에 대한 잘못된 인식에서 비롯된다. 따라서 논증에 포함된 단어나 구절, 문장이 논증의 의미를 왜곡하거나 흐리게 만드는 명확성의 오류라고도 할 수 있다. 즉, 주장이나 정보가 제대로 전달되지 않은 경우를 일컫는다. 이런 오류는 애매모호를 극복하여 명석판명하게 표현해야 한다.

### ① 이중지시의 오류

이중지시(amphibology)의 오류는 낱말이나 문장을 애매하게 사용함으로써 발생하는 오류이다. 대체로 말할 때 두 가지 이상의 의미로 사용될 때 나타나기에 애매어의 오류라고도 한다. 듣는 이가 쉽게 이해할 수 있는 명확한 의미를 나타내지 못하는 경우이다. 다음의 이야기를 보자.

옛날 리디아의 국왕 크로이소스는 페르시아 왕국과의 전쟁을 계획하였다. 매사에 신중한 크로이소스는 이 계획을 실행에 옮기기 전에 델포이의 신전에 신탁(神託)을 구했다. 그 결과 크로이소스는 "크로이소스가 키루스(페르시아의 국왕)와 전쟁을 한다면 그는 강한 왕국 하나를 멸망시킬 것이다."라는 신탁을 받았다. 이에 힘을 얻어 크로이소스는 즉각 페르시아를 침공했으나, 리디아군은 강력한 페르시아군에게 패배하여 전멸하고 크로이소스와 몇몇 부관들만 겨우 목숨을 부지하여 리디아로 돌아왔다. 매우 화가 난 크로이소스는 신전의 승려에게 신탁을 잘못 해석한 것이 아니냐고 항의하는 편지를 보냈더니, 얼마 후 델포이 신전의 승려에게서 다음과 같은 답장이 왔다. "신탁은 적중하였습니다. 당신은 키루스와 전쟁을 하여 결국 강한 왕국이었던 당신 자신의 왕국을 멸망시켰습니다."

여기서 신탁은 이중지시의 오류를 범했다. 이 신탁에서 '강한 왕국'이 지시하는 것은 실제로 리디아일 수도 있고 페르시아일 수도 있다. 그러나 신탁은 그 말이 지시하는 것을 구체적으로 밝히지 않고 애매하게 사용함으로써 오류를 범하고 있다.

② 강조의 오류

강조의 오류는 문장의 어느 일부분을 강조함으로써 그 문장의 전제 의미를 왜곡시키는 경우에 발생한다. 즉, 문장의 한 부분을 강조함으로써 발생하는 오류다. 다음의 문장을 보자.

나는 지금 음주를 하고 있지 않다.

이 문장에서 '나는'을 강조한다면 이 문장의 전체 의미가 "다른 사람은 지금 술을 마시고 있다."로 왜곡될 수 있다. 또 '지금'을 강조한다면 "나는 조금 전까지 음주하고 있었다."라고 왜곡될 수 있으며, '음주'를 강조한다면 다른 것, 예컨대 도박을 하고 있거나 춤을 추고 있다고 생각될 수도 있다.

③ 부당한 재정의의 오류

부당한 재정의(illicit redefinition)의 오류는 이미 일정한 의미를 가지고서 사회적으로 통용되고 있는 어떤 낱말의 의미를 독자적으로 재정의하여 사용함으로써 발생하는 오류이다. 예컨대, 노래를 잘하는 친구를 보고 "저 친구 가수네."라고 말한다면 이것은 부당한 재정의의 오류를 범하는 것이다. 즉, '가수'란 본래 "노래 부르기를 직업으로 하는 사람"을 의미하지만, 여기서는 "노래를 잘하는 사람"으로 재정의되어 있는 것이다. 어떤 말도 고정불변의 의미를 가지고 있지 않다. 지식의 체계가 변화하는 데 따라 말의 의미도 변하기 마련이고 새로운 의미가 부여된다. 그렇다고 어떤 말의 의미가 자의적으로 변화되거나 변형되어질 수 있다는 의미는 아니다.

**생각해 보기**

언급된 언어적 오류 외에 언급되지 않은 언어적 오류와 예를 찾아보시오.

## 2) 자료적 오류

자료적 오류는 자료에 대한 잘못된 판단에 따라 결론을 도출하는 오류다. 주어진 자료를 과대평가하거나 과소평가하여 발생하는 오류다. 감정에 호소하는 심리적 오류와 달리 순수하게 발생하는 무지에 의한 지적 오류다.

① 거짓 원인의 오류

이것은 단순한 사건의 선후관계를 인과관계로 오인하는 오류이다. 원인과 결과의 관례는 일반적으로 선후관계를 가지고 있지만, 항상 원인과 결과의 관계가 그렇지 않은 때도 있다. 거짓 원인의 오류에는 어떤 결과의 원인이 아닌 것을 그 결과의 원인으로 오인하는 경우(non causa pro causa)와 단순한 시간적 선후관계를 인과관계로 오인하는 경우(post hoc ergo propter hoc)가 있다. 예를 들어, "계절이 변화하는 것은 지구의 궤도가 타원이기 때문이다."는 전자의 경우이고, "새벽에 닭이 울면

태양이 솟아오른다."라는 후자의 경우이다.

② 성급한 일반화의 오류

이것은 '한둘'을 '전부'로 간주함으로써 발생하는 오류이다. 예컨대, 우리나라를 처음 방문한 어떤 외국인 사업가가 공항에서 본 항공회사의 여승무원들과 호텔에서 본 여직원들과 사업차 방문한 국내회사의 여직원들을 본 후 그들이 모두 키가 크다는 사실에 입각하여 "한국의 모든 여성은 키가 크다."라고 한다면 이 외국인은 성급한 일반화의 오류를 범하고 있는 것이다. 제한된 증거를 가지고 귀납적 일반화로 직행할 때 발생하는 오류다.

③ 근시안적 귀납의 오류

이것은 가능한 자료를 폭넓게 보지 못하고 눈앞에 보이는 것들만을 토대로 하여 귀납을 수행함으로써 옳지 못한 결론에 도달할 때 발생한다. 따라서 '사실 외면의 오류'라고도 한다. 이미 알려진 사실이 있음에도 불구하고 사실을 받아들이지 않고 외면하거나, 망각해서 일어나는 오류다.

과학 시간에 온도변화에 따른 물체의 수축팽창 현상을 배운 중학생 갑은 그것이 사실인가를 확인하기 위해서 기온 차가 심한 여름과 겨울에 각각 교량의 길이를 측정해 보았다. 그런데도 여름과 겨울의 측정치가 다르지 않다는 사실을 확인한 갑은 온도변화에 따른 물체의 수축팽창 현상이 옳지 않다고 주장했다.

이 예에서 중학생 갑은 근시안적 귀납의 오류를 범하고 있다. 즉, 갑은 온도변화에 따라 줄자의 길이도 역시 변한다는 사실을 간과했다. 따라서 가능한 여러 자료를 폭넓게 조사하지 않은 채 근시안적인 안목으로 어떤 결론에 도달할 때 범하게 되는 오류다.

④ 결합의 오류

이것은 어떤 사물의 부분들이 각각 공통적으로 가지는 속성을 그 사물 자체도 가진다고 주장하는 오류이다. 예컨대, 어떤 영화필름의 모든 장면이 예술적 완성도가 높다고 해서 영화 자체도 예술적 완성도가 높다고 단정한다면, 이것은 결합의 오류를 범하고 있다.

⑤ 분할의 오류

이것은 결합의 오류와 상반된다. 즉, 어떤 하나의 사물이 갖는 속성을 그 사물에 속하는 모든 부분도 각각 똑같은 속성을 가진다고 주장하는 경우 분할의 오류를 범하게 된다. 예컨대, 어떤 학교가 우수한 학교라고 해서 그 학교의 모든 학생이 우수하다고 한다면 이것은 분할의 오류를 범하는 것이다.

⑥ 우연의 오류

이것은 우연적인 상황 때문에 일반적인 원리나 규칙을 적용할 수 없는 특수한 경우에도 그 일반적인 원리나 규칙을 적용할 때 발생하는 오류이다. 이 우연의 오류는 대부분의 일반적인 원리나 규칙이 공인되는 예외를 포함하고 있다는 사실을 무시하고 이러한 예외를 인정하지 않을 때 종종 발생한다. 따라서 우연의 오류는 '성급한 일반화의 오류'와 반대로, 일반적인 경우에 적용되는 원리나 규칙을 그것이 적용할 수 없는 예외적인 경우에 적용해 범하는 오류다. 예를 들어, 살인자가 무거운 처벌을 받아야 한다면 사형집행관도 무거운 처벌을 받아야 한다고 주장하는 것은 우연의 오류를 범하고 있다.

⑦ 역도(逆倒) 우연의 오류

역도 우연의 오류는 말 그대로 우연의 오류가 뒤바뀌어 있는 것이다. 즉, 역도 우연의 오류는 특수한 원리나 규칙을 부당하게 일반화함으로써 발생하는 오류이다. 예컨대, 사형집행관은 거의 매일 살인을 하고도 떳떳하게 살아가므로 모든 살인자를 엄하게 처벌하는 것은 부당하다고 주장한다면, 이것은 역도 우연의 오류를 범하고 있다.

⑧ 흑백사고의 오류

이것은 어떤 집합의 원소가 두 개뿐이라고 가정하고 그 하나가 아니면 무조건 다른 하나일 것이라고 단정하는 데서 발생하는 오류이다. 예컨대, 어떤 사람이 유신론자가 아니라고 해서 그를 무조건 무신론자라고 단정하는 것이 그 예이다. 왜냐하면 유신론자와 무신론자 외에도 불가지론자가 있을 수 있기 때문이다. 이 흑백사고의 오류는 잘못된 이분법이라 한다.

⑨ 복합질문의 오류

이것은 명시적으로는 하나의 질문을 하면서 암묵적으로는 두 가지의 질문을 포함하는 경우에 발생하는 오류이다. 어떻게 대답하더라도 대답하는 사람이 수긍할 수 없거나 수긍하고 싶지 않은 점을 수긍하는 결과를 야기시키는 질문을 하는 오류다. 예컨대, "또 도둑질하겠나?"라는 식의 질문은 복합질문의 오류를 범하는 것이다. 이 질문은 사실상 "지금까지 도둑질을 한 적이 있는가?"라는 질문과 "앞으로 도둑질을 할 것인가?"라는 질문이 복합되어 있다. 그런데 이러한 복합질문의 오류를 깨닫지 못하고 "예"라고 답한다면 지금까지 도둑질한 적이 있다는 것을 시인하는 것이 되며, 또 "아니오"라고 답한다면 앞으로 도둑질을 하겠다는 것을 말하는 것이므로 이러지도 못하고 저러지도 못하는 꼴이 되고 만다. 따라서 이러한 복합질문이 제기될 경우, 우선 그 질문에 포함된 세부적인 질문들을 분석해 낸 후 그 각각의 물음에 대하여 각각의 대답을 제시해야 한다.

⑩ 무지에 호소하는 논증

이것은 다른 사람의 무지를 이용하여 자신의 주장을 관철하려는 경우에 발생하는 오류이다. 결론이 반증된 적이 없기에 결론을 받아들이거나 결론이 증명된 적이 없다는 이유로 거절되어야 한다는 오류다. 예컨대, "신은 존재하지 않는다. 왜냐하면 지금까지 신이 존재한다는 사실이 입증되지 않았기 때문이다."와 같은 논증이 무지에 호소하는 논증의 대표적인 사례이다. 특이 이것은 앞에서 본 흑백사고의 오류와 연관되어 발생하는 경우가 많다.

### ⑪ 도박사의 오류

이것은 확률의 법칙을 일반법칙으로 간주할 때 발생하는 오류이다. 예컨대, 타율이 3할 3푼 3리인 타자가 앞의 두 번의 타석에서 안타를 치지 못했기 때문에 세 번째 타석에서 반드시 안타를 칠 것이라고 주장한다면 이것은 도박사의 오류를 범하는 것이다.

### ⑫ 부적합한 결론의 오류

이것은 어떤 결론을 확정하기 위해 제시된 전제들이 사실상은 다른 결론을 논증하는 데 적합한 것일 때 발생하는 오류이다. 즉, 어떤 사람이 어떤 논점을 뒷받침하기 위해 제시한 전제들이 사실은 다른 논점을 뒷받침하고 있는 경우인데, 다르게 표현하면 논점 일탈의 오류를 범하고 있다는 것이다. 예컨대, 어떤 사람을 살인 용의자로 기소한 검사가 법정의 심리 과정에서 피고가 살인을 했다는 사실을 논증하기 위해 살인이라는 것이 매우 극악무도한 행위라는 것만 제시하고 있다면 이 검사는 부적합한 결론의 오류를 범하고 있다. 즉, 살인이라는 것이 극악무도한 행위라는 것을 입증하는 전제들로부터 귀결될 수 있는 적합한 결론은 "살인은 극악무도한 행위이다."라는 것이지 "피고가 살인자이다."라는 것이 아니라는 것이다. 그런데도 검사는 살인이라는 것이 극악무도한 행위라는 것을 입증하는 전제들로부터 "피고는 살인자이다."라는 부적합한 결론을 내리고 있다.

**생각해 보기**

자료적 오류 중 자신이 평소에 잘 범하는 오류를 구체적인 예를 들어 설명하고 그것의 극복 방안을 논하시오.

### 3) 비논리적 유관성의 오류

비논리적 유관성의 오류는 감정이나 욕구에 의해 오도되는 추론에서 나오기 때문에 심리적 오류라고도 한다. 비논리적이라 함은 논리적 논의와 상관없는 전제에서 끌어내는 결론이나 근거를 합당하게 들지 않고 감정적으로 호소하는 경우를 일컫는다.

① 동정심(감정)에 호소하는 오류

이것은 다른 사람의 동정심을 유발해서 자신의 주장을 관철하려는 경우에 발생하는 오류이다. 예컨대, 자신이 고아이고 돌봐 주는 사람이 없었기 때문에 어쩔 수 없이 절도했다고 호소함으로써 재판관의 선처를 바라는 경우가 그 대표적인 사례이다.

② 위협(공포)에 호소하는 오류

이것은 다른 사람을 위협하여 자신의 주장을 관철하려는 경우에 발생하는 오류이다. 예컨대, 자신의 주장에 찬성하지 않는 사람은 모두 처단하겠다고 위협함으로써 자신의 주장을 관철하려는 독재자의 논리는 위협에 호소하는 논증의 오류를 범하고 있다.

③ 권위(힘)에 호소하는 오류

이것은 권위 있다고 인정되는 사람이나 자료에 호소하여 자신의 주장을 관철하려는 경우에 발생하는 오류이다. 예컨대, 자신의 말이 『성서』에 나오는 것이므로 정당하다거나 공자(孔子)의 말이므로 정당하다고 주장하는 것은 권위에 호소하는 논증의 오류를 범하는 것이다. 특히 일반적으로 어떤 한 분야에서 권위자라고 인정되는 사람이나 자료에 호소하여 다른 분야의 문제를 논증하려는 경우가 있는데, 이것을 '부적합한' 권위에 호소하는 논증의 오류라고 한다. 예컨대, 정치계의 권위자인 국회의장이 종교의 문제에 대해 말한 것에 호소하여 자신의 종교적 입장이 정당하다고 주장한다면 이것은 부적합한 권위에 호소하는 논증의 오류를 범하는 것이다.

④ 아첨에 호소하는 오류

이것은 다른 사람에게 아첨하여 그의 판단력을 흐리게 한 후 자신의 주장을 관철하려는 경우에 발생하는 오류이다. 예컨대, "당신 같은 미인이 이 옷을 입지 않으면 누가 이 옷을 입겠습니까?"라는 식으로 옷을 팔려는 사람의 주장은 바로 아첨에 호소하는 논증의 오류를 범하고 있다.

### ⑤ 사적 관계에 호소하는 오류

이것은 가족, 종친, 동문, 동향 등의 사적 관계에 호소함으로써 자신의 주장을 관철하는 경우에 발생하는 오류이다. 예컨대, "동향사람 좋다는 것이 무엇입니까? 이번에 저를 한번 밀어주십시오."라는 식의 논증은 사적 관계에 호소하는 논증의 오류를 범하는 것이다.

### ⑥ 사람에 호소하는 오류

이것은 다른 사람의 지위, 성격, 사상 등과 같은 정황에 호소하여 자신의 주장을 관철하려는 경우에 발생하는 오류이다. 예컨대, "저 사람은 목사이므로 저 사람의 주장은 종교적 편견에 사로잡혀 있을 것이다."는 주장은 사람에 호소하는 논증의 오류를 범하는 것이다.

### ⑦ 대중에 호소하는 오류

이것은 '대중(populus)'이라는 불특정한 다수의 일반적인 심리에 호소하여 자신의 주장을 관철하려는 경우에 발생하는 오류이다. 대중의 일반적인 심리는 여러 가지로 나타날 수 있다. 첫째, 대중은 다른 사람들 대다수가 그렇게 생각한다면 그것이 곧 진리라고 믿는 심리적 경향이 있다. "당신만 모르고 있지 모두들 그렇게 하고 있습니다."와 같은 말로 소비자를 설득하려는 상품광고는 이러한 대중심리에 호소하여 자신의 주장을 관철하려는 오류를 범하고 있다. 둘째, 대중은 우위 모방 심리를 가지고 있다. 즉, 자신보다 우위에 있다고 생각하는 사람들을 모방함으로써 자신도 그와 같은 지위를 가질 수 있다고 믿는 경향이다. "유명인 누구, 누구, 누가 이 승용차를 탑니다.", "선진국 이러저러한 나라의 국민은 모두 이렇게 합니다."와 같은 광고문구들이 이 우위 모방 심리에 호소하는 논증들이다.

또 특수한 상황에서 형성된 특수한 심적 분위기에 동조하여 군중심리와 같은 것도 대중의 일반적인 심리라고 할 수 있다. 예컨대, 자신들의 지역에 혐오시설을 설비하려는 정부의 안에 반대하는 주민집회에서 한 야당 의원이 차기 선거에서 자신을 지지해 달라고 주장한다면 이 야당 의원은 군중심리에 호소하여 자신의 주장을 관철하려는 오류를 범하는 것이다.

⑧ 증오심에 호소하는 논증

이것은 다른 사람이 어떤 대상에 대해 가지고 있는 증오심에 호소하여 자신의 주장을 관철하려는 경우에 발생하는 오류이다. 예컨대, 우연하게도 A 지역 출신의 사원들에 대한 불만이 많이 쌓여 있는 사장에게 B 지역 출신의 임원이 이번 신규 채용 때 B 지역 출신만을 채용하자고 주장한다면, 이 임원은 증오심에 호소하는 논증의 오류를 범하고 있다(또 다른 예, 진보와 보수, 반일과 반한감정, 지역감정(영호남 대립 등).

⑨ 농담(유머)에 호소하는 논증

이것은 다른 사람의 주장을 농담거리로 만듦으로써 자신의 주장을 관철할 때 발생하는 오류이다. 이것은 특히 여러 사람 앞에서 공개적인 토론을 할 경우 토론에 참여하는 당사자들이 종종 범하는 오류이다. 예컨대, 자신과 대립하는 어떤 토론자가 주제에 대한 그의 견해를 제기한 후 자신에게 발언권이 돌아왔을 때 "당신과 같은 대머리 신사에게서도 그렇게 훌륭한 제안이 제기되다니 정말 놀라운 일입니다."와 같은 농담으로 시작한다면, 청중들은 이 농담에 모두 웃음을 터뜨리면서 앞에서 상대방이 제기한 의견에 대해서는 거의 망각하게 될 것이고 자신의 주장만 기억에 남게 될 것이다. 이러한 방식으로 자신의 주장을 관철하는 경우가 농담에 호소하는 논증의 오류이다.

⑩ 우물에 독 뿌리기의 오류

이것은 반론이 제기될 가능성을 원천적으로 봉쇄함으로써 자신의 주장을 관철하려는 경우에 발생하는 오류이다. 예컨대, "'인간은 타락하였다.'라는 나의 주장에 동의하지 않는 자는 그 자신이 이미 타락하였음을 증명하고 있는 것이다."라는 식의 논증은 우물에 독 뿌리기의 오류를 범하고 있는 것이다. 이럴 경우, 대응할 방법은 입증의 책임을 상대방에게 떠넘기는 것이다. 예를 들어, "그래서?"나 "주장의 근거를 제시해 봐?"라고 반문하는 것이다.

### ⑪ 선결문제 요구의 오류

이것은 어떤 논증의 전제를 바로 그 논증의 결론으로 나타낼 때 발생하는 오류이다. 예컨대, "모든 사람에게 완전한 언론의 자유를 허용하는 것이 결국 국가에 유익할 것이다. 왜냐하면 각 개인이 자신의 의도나 감정을 완전하게 표현할 수 있는 자유를 무한하게 누리는 것이 결국은 공동체 전체의 이익에 기여하기 때문이다."라는 식의 논증은 선결(先決)문제 요구의 오류를 범하는 것이다.

이러한 오류는 그 이름이 말해 주듯이 어떤 문제가 먼저(先) 해결(決)되어야 했지만, 아직도 해결되지 않았기 때문에 우선 그 문제를 먼저 해결할 것을 요구하는 형식을 가진다. 일반적으로 논증은 사람들이 모두 참이라고 받아들이는 전제로부터 어떤 결론이 도출되는 형식을 취해야 한다. 그러나 위의 예는 전제와 결론의 내용은 사실상 같기 때문에 결론이 불확실하다면 결국 전제도 불확실한 것이다. 따라서 이 경우에는 전제가 참이라는 사실이 먼저 해결되지 않으면 안 된다. 즉, 이 논증이 이루어지기 전에 미리 전제가 참이라는 사실을 입증할 것을 요구할 수 있는 것이다.

그뿐만 아니라 이러한 경우에는 사실상 전제와 결론으로 구성되는 논증의 형식을 취할 필요도 없는 것이었다. 즉, 이러한 형식의 논증은 모두 "A는 B이다. 왜냐하면 A는 B이기 때문이다."라는 형식으로 환원될 수 있는데, 여기에서 보듯이 이것은 굳이 논증의 형식을 취할 필요 없이 단지 "A는 B이다."라고 주장하면 되는 것이다. 그런데도 이 주장을 마치 논증의 형식을 통해서 귀결된 결론인 것처럼 꾸밈으로써 주장의 강도를 높이고 있다. 따라서 이 선결문제 요구의 오류는 자료적 오류가 아니라 비논리적 유관성의 오류에 속한다고 할 수 있다.

이와 동일한 것이지만 이보다 좀 더 세련되어 보이는 것이 순환논증의 오류이다. 순환논증의 오류란 전제가 참이라는 사실을 결론으로써 증명하고 그 결론이 참이라는 사실을 다시 그 전제로써 증명하는 논증 방법에서 발생하는 오류를 말한다. 예컨대, "그는 도덕적인 사람이다. 왜냐하면 그는 인격적인 사람이기 때문이다."라는 논증을 한 어떤 사람에게 누군가가 "그가 어째서 인격적인 사람이냐?"라는 질문을 제기할 때 그가 다시 "그는 인격적인 사람이다. 왜냐하면 그는 도덕적인 사람이기 때문이다."라는 식으로 논증했다면 이 사람은 순환논증의 오류를 범하고 있다. 여기서도 그는 "그는 도덕적인 사람이다."라는 주장과 "그는 인격적인 사람이다."라는 주장만 제기하면 되는 것이지 이 두 주장을 굳이 논증의 형식으로 구성할 필요가 없는 것이다.

## 생각해 보기

1. "좋은 말로 할 때 듣는 게 좋을걸!"이나 "내 말 안 들으면 재미없어!"라는 말을 들었을 때 대처하는 방안에 대하여 설명하시오.

2. 다수결의 딜레마에 대한 자기 생각과 입장을 논리적으로 설명하시오.

## 4. 오류를 발견하는 방법

오류란 논리적이지 않은 주장이긴 하지만, 어떤 맥락에서는 그 누군가에게 올바른 주장으로 보일 수 있다는 것이 문제다. 사람들이 실제 그렇게 하고 있다는 사실을 깨닫지 못한 채 오류에 빠진 논증을 구성할 때 비논리적 추론이 나타나게 된다.

오류도 잘못된 것이지만 주장과 근거로 이루어진 논증이라는 형식을 갖춘 것인 만큼 해당 논증이 오류를 범한 사실을 증명하기 위해서는 몇 단계를 거쳐 오류를 분석하는 것이 바람직하다.

제1단계: 논증의 구조 확인

제시된 논증의 결론(주장, 논지)이 무엇인지 먼저 확인한 후, 그 결론을 뒷받침하기 위해 어떤 전제(이유, 근거)를 들고 있는지 파악해야 한다. 그런 다음 논자의 논증을 알기 쉬운 형식으로 재구성해야 한다.

제2단계: 논증의 건전성 조사

재구성된 논증의 건전성을 조사한다는 것은 그것의 내용이 옳은지 그른지를 평가하는 것이다. 건전성 조사 결과 문제의 논증이 건전한 것으로 드러나면 옳은 것으로 평가되어, 그 논증은 오류가 아닌 것으로 판정될 수 있다. 만일 논증이 부당한 것으로 드러나면, 다음 단계로 진행된다.

제3단계: 오류 여부 진단

만일 논증이 부당한 것으로 드러나면, 그 형식이 여러 오류 중 어떤 유형과 같은가를 확인한다. 만일 문제의 논증이 어떤 오류의 유형과 일치하지 않으면, 그 논증은 오류가 아니라 단순히 부당한 논증으로서 일반적으로 말이 안 되는 주장, 예를 들어 거짓말이나 잘못된 신념을 표현한 것이라고 보면 된다. 만일 그 논증이 어떤 오류의 유형과 일치하면, 다음 단계로 진행된다.

### 제4단계: 오류의 평가

어떤 논증을 오류라고 평가하는 것은 그 자체가 논증의 형식을 취하고 있어야 한다. 즉, 문제의 논증이 오류라고 단순히 주장하는 것이 아니고, 그 논증이 오류라는 것을 증명해야 한다.

그러한 것들이 오류라고 평가하기 위하여, 첫째, 겉으로 보기에는 논거가 제시된 것처럼 보이나 따져 보면 실제로는 논거가 없는 오류(논거부재오류)를 말한다. 실제 생활에서 친밀한 관계에 있는 경우 주장만 하고 근거가 없는데도 불구하고 '눈치 없다'고 타박을 받는 경우가 그 예다. 둘째, 논거가 제시되긴 했으나 주장을 뒷받침하기에는 적합하지 못한 오류(논거부적합오류)인데, 그 이유는 근거의 선택이 그 상황을 가장 잘 설명하지 못한 경우이다. 친구 집에 놀러 가서 초인종을 눌렀는데 아무런 인기척이 없으면, 우리는 여러 가설(이유) 중(자살, 칩거 등등) 친구가 집에 없다는 가설(이유)을 선택하는 것은 그것이 그 상황을 잘 설명하기 때문이다. 셋째, 주어진 논거가 주장하는 바를 뒷받침하기는 하지만 충분하지 못한 데에서 발생하는 오류(논거부실오류)이다. 예를 들어, 우리나라 사계절은 아름답다고 주장하면서 봄은 어떻고, 여름은 어떻고, 그리고 겨울은 어떻다는 이유나 근거를 들면 가을이 빠져 있기에 논거부실오류라고 지적하면 된다.

결론적으로 오류를 비판하고 분석하는 방법은, 첫째, 그 논증의 주장이 무엇인가를 먼저 확인하고, 둘째, 그 주장의 근거(논거)는 무엇인가를 파악하여, 그 근거가 주장을 뒷받침하기에 충분하고 적합한지를 확인하면 된다.

일반적으로 오류론에 대한 학습이 되지 않아 자신도 모르게 오류에 빠지게 되는 경우가 많다. 또한 오류론을 학습하지 않아 무의식으로 선동되는 경우가 많기에 의식적으로 오류론을 학습해야만 한다.

오류론을 잘 이해하였다면, 학교생활에서 글쓰기나 발표 그리고 토론에서 유리한 입장을 차지하게 되고 게다가 사회생활에서 만나게 되는 여러 유형의 잘못된 정보(예, 가짜뉴스, 선동, 기만 등)의 논리적 뼈대를 분석하여 틀린 것은 틀린 것을 객관적으로 지적하고, 의견이 다른 경우에는 상대방의 의견보다 더 좋은 대안을 제시하는 주체적인 삶을 향유하게 될 것이다.

**생각해 보기**

가짜뉴스, 선동과 기만에 대처하는 자신만의 방안을 구체적인 예를 들어 설명하시오.

## 5. 설명과 논증

설명과 논증은 논리적으로 생각하고 생각한 것을 말이나 글로 표현할 때 사용하는 것들이다. '설명'은 우리말 사전에서는 "어떤 일의 내용이나 이유 따위를 상대편이 잘 알 수 있도록 밝혀 말함"이라고 정의한다. 학술적으로 표현하면, 설명은 어떤 사태나 사건의 발생과정이나 인과관계를 객관적인 입장에서 있는 그대로를 표현하는 것이다. 설명의 목적은 이해다. 반면에 논증은 어떤 문제에 대하여 자기 나름의 주장을 펴고, 그것이 옳다는 것을 증명함으로써 상대방을 합리적으로 설득시키는 것을 일컫는다. 학술적으로 표현하면, 전제와 결론으로 이루어진 진술들의 집합이다. 여기서 전제의 다른 표현은 이유, 근거 또는 논거이고 결론은 주장 또는 논지이다. 논증의 목적은 설득이다. 부드럽게 표현하면 자신의 주장에 대하여 상대방의 동의를 요청하는 것이다.

문제는 설명과 논증은 우리의 일상에 산재되어 있어서 사용에 있어 혼동을 준다는 것이다. 왜냐하면 설명과 논증은 둘 다 '~ 때문에 ~이다'의 형태를 가진 인과관계를 드러내기 때문이다. 하지만 설명은 어떤 주장이 옳다는 것을 입증하기 위해서가 아니라 단순히 인과관계를 드러내는 것이고, 논증은 주장이 상대방에 의해 수용되도록 하기 위한 합리적인 이유를 제시하는 방식으로 인과관계를 드러낸다는 것이다.

요약하면, 설명은 어떤 사태나 현상(Fact, 사실)이 그렇게 된 원인이나 이유를 제시하고 논증은 자신의 주장이 옳다고 증명하는 근거를 제시하여 설득하는 것이다. '왜'라는 물음은 대부분 원인을 밝히는 것이어서 (인과적)설명이고, 어떤 문제에 대한 해결책은 제시하는 것이 논증이다. 인과적 설명은 발생한 현상(결과)에 대한 원인을 제시하고, 그 현상이 왜 발생했는지를 설명하는 것이다. 결국 설명은 논증의 배경이 되는 경우가 빈번하다.

## 1) 설명의 유형과 용례

설명의 유형에는 '지정, 정의, 예시, 비교, 대조, 분석, 구분, 분류' 등이 있다.

### ① 지정(指定)

우리말 문법에서 '이다'와 '아니다'를 지정사(指定詞)라고 하고, "A는 B이다." 혹은 "A는 B가 아니다."와 같이 이 지정사를 통해 주어 A가 술어 B라는 특성을 가지는지 그렇지 않은지를 지정하는 것을 '지정'이라고 한다. 가장 단순한 설명의 유형으로 "이것은 무엇인가?" 또는 "저 사람은 누구인가?"에 응답하는 표현의 방식이다. 예를 들면, 시장에서 물건을 살 때 "이것은 무엇이죠?"라고 물으면 "그것은 아보카드입니다."라고 대답하는 것을 말한다. 가능하면 불필요한 수식은 피하는 것이 좋다.

### ② 정의(定義)

정의(定義)는 말이나 사물의 의미를 분명하게 규정하는 것으로서, 위에서 말한 지정하기 중에서 어떤 것의 '본질'을 지정하는 것이다. 따라서 정의도 지정문과 같이 "A는 B이다."와 같은 문장형식으로 나타나는데, 다른 지정문들과 달리 A에는 정의되는 개념(피정의체)이, B에는 그 개념의 본질을 나타내는 문구(정의항)가 놓인다. 쉽게 표현하면 어떤 대상의 뜻을 밝혀 주는 것이다.

정의되는 개념의 '최근류개념'과 '종차'를 밝히는 방법으로 그 개념의 의미를 규정하는 것을 본질적 정의라고 한다. 예컨대, "삼각형이란 세 개의 직선으로 둘러싸인 다각형이다."라는 삼각형의 정의에서 '다각형'은 삼각형의 최근류개념이고 '세 개의 직선으로 둘러싸인'은 사각형, 오각형, 육각형 등과 구별되는 삼각형의 종차이다.

정의: 류개념 + 종차(삼각형=다각형+세 개의 직선으로 둘러싸인)

'류'는 '종류'할 때 바로 그 '류'다. '류'가 '종'보다 더 포괄적이다. 어떤 대상이 더 포괄적인 집합 어디에 속하는지를 보여 주고 거기에 속하면서도 그 집단 부분 중에 어떤 차이가 있는지를 보여 주는 것이 종차다. 예를 들어, 인간은 동물에 속하지만 다른 동물과의 차이가 있는데, 그것은 '이성적'이라는 차이다. 그래서 "인간은 누구인가?"라는 것에 대하여 정의 내리는 것이 동시에 가장 명료한 설명의 방식이다.

어떤 개념을 정의할 때 그것이 만족스러운 정의인지 알아보는 정의 규칙이 있다.

첫째, 정의는 은유적이면 안 된다. 예를 들면, "낙타는 사막을 건너는 배다."가 있다.

둘째, 표현할 때 긍정 표현이 가능한 경우에는 부정 표현을 사용해서는 안 된다. 예를 들면, "대머리는 머리에 털이 없는 사람이다."가 있다.

셋째, 정의는 순환적이어서는 안 된다. 같은 표현이 반복어서는 안 된다. 예를 들면, "대학생은 대학교에 다니는 학생이다."가 있다.

넷째, 정의는 너무 넓어서는 안 된다. 예를 들어, "자동차는 자력 추진의 수송 수단이다."라고 정의하면 자동차가 아닌 오토바이까지 포함하게 된다는 것이다.

다섯째, 정의는 너무 좁아서는 안 된다. 예를 들어, "자동차를 바퀴가 넷 달린 자력 추진의 운송 수단이다."라고 정의하면 바퀴가 넷 이상인 자동차는 제외된다는 것이다.

여섯째, 정의는 평서문으로 진술되어야 한다.

결론적으로 정의는 정의되는 대상의 변하지 않는 속성인 본질을 드러내는 것이다.

③ 예시

예시는 어떤 개념이나 원리를 구체적인 사례를 들어 설명하는 것이다. 어떤 개념을 예시의 방법을 통해 설명하려면 그 개념의 외연(外延)을 하나 이상 거론하면 되는데, 이것은 일반적이거나 추상적인 개념의 의미를 설명하는 데 주로 사용된다. 똑같은 맥락에서, 어떤 원리나 법칙을 예시의 방법으로 설명하려면 그 원리나 법칙에 따라 나타나는 현상을 하나 이상 거론하면 된다.

예시는 구체적인 사례를 통해 이해를 유도한다. 예증은 예를 들어 주장을 정당화하는 것이어서 예시와 다르다. 예시를 들 때 주의할 점은, 첫째, 가능하면 구체적인 사례(실례, 실화, 일화, 통계 등)를 들어 설명해야 하고, 둘째, 상대방이 이해할 만한 예시를 들어 설명하고, 셋째, 예를 드는 의도를 명확하게 드러내 주어야 한다. 결론적으로 설명할 때 유용하게 사용되는 것이 예시다.

**알아 두기**

– 개념의 내포와 외연

모든 개념은 내포(內包, intension)와 외연(外延, extension)을 갖는다. 내포란 그 개념으로 지시되는 사물이 갖는 공통적인 속성의 총화를 말한다. 예컨대, '동물'이라는 개념의 내포는 '물리적인 공간좌표를 갖는 사물이다.', '생명체이다.', '감각을 느낀다', '운동한다.' 등이다. 반면 개념의 외연이란 그 개념으로써 지시될 수 있는 대상들(사물들)의 범위를 말한다. 예컨대, '동물'이라는 개념의 외연은 '소', '개', '말', '돼지', '독수리', '거미' 등이다.

④ 비교와 대조

둘 이상의 대상에서 서로 비슷한 점(공통점)을 드러내어 설명하는 것을 '비교'라고 하고, 서로 다른 점(차이점)을 드러내어 설명하는 것을 '대조'라고 한다. 예를 들면, 연필이 뭔지를 알려 줄 때 연필과 비슷한 것들인 볼펜을 보여 주며 공통점을 강조하면 '비교'고, 차이점을 보여 주면 '대조'다. 잘 알려진 사물을 통해 알려지지 않은 사물을 설명하는 것이 비교와 대조다. 비교와 대조는 설명하고자 하는 개념의 특성이 더 분명히 드러나게 한다. 비교와 대조할 때 조심할 점은, 첫째, 비교와 대상은 동일 범주에 속해야 하고, 둘째, 비교와 대조는 상대방이 잘 알고 있는 것이어야 한다.

⑤ 분석

분석은 하나의 사물이나 개념이 어떻게 이루어져 있는가를 밝히기 위해 요소별로 나누어서 그 기능이나 내용을 기술하는 것이다. 즉, 어떤 대상을 그것을 구성하는 부분들로 나누는 것을 분석이라 한다. 그러나 무작정 요소별로 그 기능을 설명하는 것이 분석의 주된 목적은 아니다. 분석은 전체를 이해하기 위해 각 요소의 기능과 유기적 관계를 살펴보려 하는 것이다.

전체와의 연관성을 고려하지 않은 분석은 대상을 구성요소들의 결합으로만 보고 전체의 종합적 기능을 무시하는 단순한 견해를 갖게 할 위험이 있다. 분석에는 기능적 분석과 인과적 분석이 있다. 기능적 분석이란 그것이 어떤 작용을 하느냐는 것을 밝히는 것이라면 인과적 분석은 어떤 사건이 왜 일어났으며 그 영향이 어떠한지를 인과적 관점에서 밝히는 것이다.

**기능적 분석**

컴퓨터 본체는 크게 CPU와 RAM, 하드디스크로 구성되어 있다. CPU는 중앙연산장치로 가장 중요한 핵심 기능을 하는 부품이며 두뇌 역할을 하며 컴퓨터의 기능을 제어한다. RAM은 컴퓨터가 켜져 있는 동안 CPU에서 사용하는 정보를 일시적으로 저장하는 기능을 한다. RAM에 저장된 정보는 컴퓨터를 끄면 지워진다. 하드디스크는 컴퓨터를 이용해 수행한 작업이나 문서, 또는 자료들을 보관하는 저장장치이다.

**인과적 분석**

3 · 1운동이 일어난 원인은, 첫째, 미국 대통령이던 윌슨의 '민족 자결주의'가 그 바탕이 되었다. 식민지하에 있던 우리 민족으로서는 윌슨의 주장이 큰 힘이 되었다. 둘째, 한일합방 이후에 확산하여 가던 우리 민족의 독립운동이 한 원인이 되었다. 3 · 1운동은 나라를 되찾자는 운동이 국내외에서 활발히 전개되었던 것이 응집된 결과이다.

⑥ 구분과 분류

한 개념의 외연들을 일정한 기준에 따라 나누어 둘 이상의 종개념들로 나누는 것을 '구분'이라 하고, 둘 이상의 개념에 속하는 외연들을 그 공통점을 찾아 하나의 유개념으로 묶는 것을 '분류'라고 한다.

* 구분하기

> 독일어의 명사는 남성명사, 여성명사, 중성명사로 구분된다.

구분하기에서 특이할 만한 것은 '구분의 기준'이다. 동일한 하나의 개념도 구분의 기준에 따라 서로 다르게 구분될 수도 있다. 예컨대, '과학'은 그 대상을 기준으로 구분하면 '인문과학', '자연과학', '사회과학' 등으로 나누어지지만, 그 목적을 기준으로 구분하면 '순수과학', '응용과학' 등으로 나누어질 수 있다.

* 분류하기

> 소, 말, 개, 돼지 등은 포유동물로 분류된다.

분류하기는 대체로 다음과 같은 과정을 거쳐 이루어진다.

첫째, '소', '말', '개', '독수리', '오징어', '개미', '지렁이' 등 여러 가지 개념들이 있다.

둘째, 이 개념 중에서 '소'와 '말'과 '개'가 "그 생태에 있어서 새끼를 직접 낳아서 번식하며 일정 기간 새끼에게 어미의 젖을 먹여서 기른다."라는 공통적 속성을 갖는다는 사실이 발견된다.

셋째, "그 생태에 있어서 새끼를 직접 낳아서 번식하며 일정한 기간 새끼에게 어미의 젖을 먹여서 기른다."라는 속성을 그 핵심적인 내포로 갖는 '포유류'라는 새로운 하나의 유개념을 만든다.

넷째, '포유류'라는 이 새로운 유개념이 '소', '말', '개' 등을 종개념으로 포섭하기에 적절한지 그렇지 않은지를 확인한다.

**생각해 보기**

언급된 설명의 유형 외에 언급되지 않은 것들을 찾아 논하시오.

# 6. 논증의 유형

논증이란 "어떤 주장(혹은 판단)이 정당하다는 것을 논리적으로 증명하는 것"이다. 여기서 어떤 주장이 정당하다는 것은 그 주장을 담고 있는 명제가 참(진리)이라는 것이고, 논리적으로 증명한다는 것은 그 명제가 참이라는 것을 논리적인 근거(이유)를 들어 밝힌다는 것이다.

**알아 두기**

**명제**

명제는 다양한 의미로 쓰이고 있는 단어이지만 논증에 있어서는 논리적으로 증명해 낼 수 있는 주장이라고 할 수 있다. 명제란 어떤 사실 혹은 문제에 대한 의견이나 신념, 판단, 주장 등을 하나의 문장으로 표현한 것이다. 상대방이 받아들이기를 요구하는 의견, 즉 글쓴이의 구체적 주장이 명제이다. 명제에 대한 분명한 입장이 없으면 글의 초점이 흐려지고 논증 또한 성공하기 어려우므로 자신의 명제를 확실하게 세워야 한다. 명제의 내용은 복잡해서는 안 되며 하나의 주장만을 담고 있어야 한다.

명제가 복잡하면 논점이 흐려지고 상대방을 설득하기 힘들어질 수 있다. 만일 "군가산점제와 모병제를 실시해야 한다."라고 주장한다면 두 개의 주장이 들어가서 혼란을 줄 수 있다. 또한 명제는 개인의 주관적 견해나 부정적인 표현을 피하고 공정성과 객관성을 지녀야 한다. "그는 착한 사람이다."라든가, "야구는 구기 종목 중 가장 재미있는 경기이다."는 외관상 명제의 형식을 취하고는 있지만 명제라고 할 수 없다. 왜냐하면 '착하다'라든가 '재미있다'라는 판단은 명백한 객관적 기준을 정하기가 어렵기 때문이다. 또 개인의 취향이나 신념, 신앙 같은 것도 명제가 될 수 없다. "나는 미국 팝음악보다 한국 대중음악이 더 좋다."나 "나는 언제나 정의로운 삶을 살겠다."와 같은 것도 기준이 모호하고 개인의 순수한 주관적 견해 및 증명 불가능한 주장을 담고 있어서 명제라고 할 수가 없다.

명제의 종류

사실명제: 판단의 진릿값이 참과 거짓으로 나타나고 그것의 옳고 그름을 경험적으로 판단 가능한 문장이다. 예를 들면, "김교수의 키는 170㎝이다."는 김교수를 직접 보고 옳고 그름을 판단할 수 있고, 키를 재 보아 경험적으로 검증할 수 있기에 사실명제다.

가치명제: 어떤 것을 판단할 때 진릿값이 참과 거짓으로 나타나지 않고 좋고 나쁨으로 나타나는 문장이다. 예를 들면, "오늘 날씨 참 좋아!"는 그런 날씨를 좋아하거나 싫어하기에 그 이유를 적절히 들어야만 하는 명제이다.

당위명제: 마땅히 해야 할 것을 표현하는 문장이다. 예를 들어, "자연을 보호해야만 한다."와 같이 당연히 해야 할 바를 표현하면 당위명제다.

**올바른 명제의 요건**

첫째, 하나의 명제는 단일한 문제만 다루어야 한다. 예를 들어, "학생들의 체벌을 강화하되 자율적 생활도 보장해 줘야 한다."와 같은 경우이다.

둘째, 하나의 명제는 의미가 명확해야 한다. 애매모호하면 안 된다는 것이다.

셋째, 하나의 명제는 객관적이고 공정해야 한다. 편견이나 독단이 개입되어서는 안 된다.

넷째, 하나의 명제는 평서문으로 해야 한다. 예를 들어, 의문문, 청유문, 감탄문, 명령문은 피해야 한다.

명제의 가장 단순한 형식은 "A는 B이다."와 같이 하나의 주어(A)에 하나의 술어(B)가 지정사(계사)에 의해 결합한 진술 문장이다. 이러한 종류의 문장은 참 혹은 거짓이라는 값(진릿값)을 갖는데, 그 판정 기준은 여러 가지이다. 첫째, 어떤 명제의 의미와 그것이 나타내는 사실이 일치할 경우 그 명제를 참이라고 판정한다. 이는 경험을 통해 명제의 참 혹은 거짓을 판정하는 방법이다. 둘째, "전체는 부분보다 크다."라는 것과 같이 어떤 명제를 보면 누구라도 명약관화(明若觀火)하게 참이라고 할 수밖에 없는 경우가 있다. 이는 이성적 직관을 통해 명제의 참 혹은 거짓을 판정하는 방법이다. 셋째, 어떤 명제가 이미 보편적으로 참이라고 인정되는 다른 명제들과 모순되지 않고 잘 어울리는 경우에도 그 명제는 참이라고 판정될 수 있는데, 이것이 바로 어떤 명제가 참이라는 것을 '논리적으로' 증명하는 방법이다.

그러므로 논증은 적어도 두 개의 명제로 이루어진다. 하나는 어떤 주장을 나타내는 명제이고, 다른 하나는 그 주장이 참이라는 것을 뒷받침해 주는 논리적인 근거(이유)를 나타내는 명제로 '논거'라고 한다. 하나의 논증에서 주장을 담고 있는 명제는 한 개뿐이지만, 논거의 기능을 하는 명제는 여러 개일 수도 있다. 그러나 몇 개라 하더라도 그것들은 모두 주장 명제가 참이라는 것을 논리적으로 입증하기에 충분한 것이어야 한다.

**알아 두기**

일반적으로 논증의 구조는 '논거들→주장'의 전개 방식과 '주장→논거들'의 전개 방식으로 대별된다. 전자에서는 '그러므로', '따라서' 등의 접속사를 써서 논거들 다음에 최종적인 주장을 배치하고, 후자에서는 '왜냐하면' 등의 접속사를 써서 주장 다음에 논거들을 나열한다.

### 1) 귀납 논증

귀납 논증이란 이미 참이라고 알려진 개별적인 것에 대한 명제들을 근거로 하여 그 개별적인 것을 포함하는 보편적인 것에 대한 명제가 참이라는 것을 증명하는 것이다. 귀납 논증은 구체적이고 개별적인 사례들을 열거하여 그러한 사례에서 드러나는 보편적이고 일반적인 원리를 추론해 내는 방법이다. 즉, 귀납은 개개의 구체적 사실이나 현상에 대한 관찰을 통해 얻은 인식을 대상 전체에 적용하는 것이다. 귀납은 주어진 사실이나 현상에 근거해 새로운 사실을 얻을 수 있으므로 일상생활은 물론 학문의 분야에서도 폭넓게 사용된다. 과학의 발전도 대부분 귀납 논증에 의한 것이다.

그런데 귀납 논증은 근본적으로 실험과 관찰에서 얻은 부분적인 사례를 전체에 적용하는 것이므로 결론의 필연성을 논리적으로 보장해 주지는 못하는 한계를 갖는다. 즉, 다양한 까마귀를 관찰해서 까마귀가 검다고 주장할 수는 있으나 이는 까마귀가 본질적으로 검은 속성을 가지고 있다고 말할 만한 논리적 근거가 될 수는 없다는 것이다. 왜냐하면 과거와 현재 미래의 모든 까마귀를 조사한 것이 아니기 때문이다. 즉, 귀납 논증은 일정한 개연성이나 경향을 가질 뿐 논리적 필연성을 가지고 있지는 않다.

**알아 두기**

**귀납 논증과 연역 논증의 어원**

연역을 뜻하는 영어 단어 deduction은 "이끌고 나온다."라는 뜻의 라틴어 동사 deduco, 귀납을 뜻하는 영어 단어 induction은 "안으로 이끌다"라는 뜻의 라틴어 동사 induco에서 각각 파생되었다.

먼저 deduco는 "~에서부터(from)"라는 뜻의 라틴어 접두사 de-와 "이끌다(lead)"라는 뜻의 라틴어 동사 duco(ducere–duxi–ductum)가 합쳐진 단어이다. 즉, "일반적인 원리에서부터(de-) 새로운 이론을 이끌고(duco) 나온다"라는 의미를 가지고 있다.

다음으로 induco는 "~안으로(into)"라는 뜻의 라틴어 접두사 in-과 "이끌다(lead)"라는 뜻의 라틴어 동사 duco(ducere–duxi–ductum)가 합쳐진 단어다. 즉, "구체적 사실들을 종합하여 일반적인 원리 안으로(in-) 끌고 들어간다(duco)"라는 의미를 가지고 있다.

* 특수한 것들의 일반화

어떤 보편적인 개념에 관한 명제가 참이라는 것을 증명하기 위해 그 개념의 외연들 하나하나에 대한 명제들이 참이라는 것을 근거로 제시하는 방법이다. 그 외연들이 일일이 열거하기 어려울 정도로 많은 경우 그것들을 모두 열거할 필요는 없으나 보편적인 개념에 관한 명제가 참이라는 것을 증명하기에 충분할 만큼은 열거해야 한다.

또한 어떤 원리나 법칙을 나타내는 명제가 참이라는 것을 증명하려는 경우에는 그 원리나 법칙에 적용되는 현상들에 관한 명제들이 모두 참이라는 것을 근거로 제시할 수 있다. 특수한 것들을 일반화하는 귀납 논증의 형식은 다음과 같다.

개는 태생하고 일정 기간 모유를 먹는다.
소는 태생하고 일정 기간 모유를 먹는다.
사자는 태생하고 일정 기간 모유를 먹는다.
호랑이는 태생하고 일정 기간 모유를 먹는다.
인간은 태생하고 일정 기간 모유를 먹는다.
…
개, 소, 사자, 호랑이, 인간 모두 '포유동물'의 종개념들이다.
그러므로 모든 포유동물은 태생하고 일정 기간 모유를 먹는다.

*** 반복 경험을 통한 인과법칙의 확정**

인과법칙은 시간적으로 연속하는 두 사건을 원인이 되는 사건과 결과가 되는 사건으로 확정한 것이다. 대체로 인과법칙은 연속하는 두 사건을 반복하여 관찰하되 더 이상 관찰하지 않더라도 그 두 사건이 필연적으로 연결될 것이라고 확신하는 경우에 성립한다. 반복 경험을 통해 인과법칙을 확정하는 형태의 귀납 논증의 대표적 사례는 다음과 같다.

첫째 날 저녁 기온이 영하로 내려가는 것을 측정하고, 다음 날 아침 물이 얼었다는 것을 확인했다.
둘째 날 저녁 기온이 영하로 내려가는 것을 측정하고, 다음 날 아침 물이 얼었다는 것을 확인했다.
셋째 날 저녁 기온이 영하로 내려가는 것을 측정하고, 다음 날 아침 물이 얼었다는 것을 확인했다.
넷째 날 저녁 기온이 영하로 내려가는 것을 측정하고, 다음 날 아침 물이 얼었다는 것을 확인했다.
…
그러므로 기온이 영하로 내려가면 항상 반드시 물이 언다.

* 유추(유비추리)

유추는 몇 가지 측면에서 서로 유사한 것으로 밝혀져 있는 두 가지 이상의 사물이 다른 측면들에서도 서로 유사할 것이라고 추론하는 것이다. 즉, A와 B는 전혀 관계가 없지만, 그 둘을 연관하여 공통점을 찾아 그것을 근거로 나머지도 비슷할 것이라 추측하는 것이다. 서로 다른 체계를 연결해 발상의 전환이나 창의적 발견을 하는 데 유리하다. 두 개의 대상에서 발견되는 약간의 비슷한 속성을 근거로 하여, 다른 속성들도 비슷할 것이라고 추리하는 방법이다. 문제는 우리 감각의 불완전성으로 인하여 반증 가능성이 있다는 점이다. 예를 들어, "머리가 큰 사람은 지능이 좋다. 코끼리는 머리가 크다. 따라서 코끼리는 지능이 좋을 것이다."가 있다. 인간과 코끼리를 비교하니 머리가 크다는 공통점이 있어서 지능이 좋을 것이라 추측하는 것은 잘못된 유추인 것이다. 유추의 형식은 다음과 같다.

> 나는 몸통, 머리, 팔, 다리, 마음을 가지고 있다.
> 내 친구 A는 몸통, 머리, 팔, 다리를 가지고 있다.
> 그러므로 내 친구 A도 마음을 가지고 있을 것이다.

**알아 두기**

**유추와 비유의 차이점**

비유는 주로 문학작품에서 사용되는 것으로 은유(예, 내 마음은 호수다), 직유(내 마음은 호수와 같다), 상징(예, 하나님 아버지!)이다. 유추는 작은 범주의 것을 큰 범주로 설명하는 것이고, 비유는 이해하기 어려운 것을 쉽게 설명하는 것이다. 예를 들면, "내 마음은 호수다"는 내 마음이 넓다는 것을 비유로 표현한 것인데, "인생은 항해하는 것과 같다"는 유추이다.

## 2) 연역 논증

연역 논증은 "주어진 전제로부터 '논리적으로 필연적인 원리'에 따라 결론을 끌어내는 방법"이다. 따라서 연역 논증에서는 '논리적으로 필연적인 원리'라는 것이 중요하다. 이것은 산술의 연산 법칙과 비교할 만한 논리 법칙(명제들의 연결법칙)과 같은 것이다. 예컨대, 산술에서 "1 + 2 = ?"이라는 문제를 준다면 '연산 법칙에 따라' 그 답은 반드시(필연적으로) 3일 수밖에 없듯이, "A는 B이고, B는 C라면?"이라는 문제를 준다면 '논리 법칙에 따라' 그 답은 반드시 "A는 C이다."일 수밖에 없다.

연역 논증은 귀납 논증과 달리 이미 알고 있는 하나 또는 둘 이상의 명제를 전제로 하여 논리적 형식에 근거해 새로운 명제를 끌어내는 것이다. 연역 논증은 엄격한 논리적 규칙에 의존하므로 전제가 참일 경우 정당한 논리적 규칙에 따라 도출된 결론은 반드시 참이 된다.

인과법칙을 발견하기 위한 학문을 자연과학이라고 하고 산술법칙을 발견하기 위한 학문을 '수학'이라고 한다면, 논리 법칙들을 발견하기 위한 학문은 '논리학'이라고 한다. 서양에서는 오래전부터 논리학 탐구를 통해 지금까지 많은 논리 법칙들을 발견해 왔는데, 여기서는 가장 대표적인 논리 법칙이라고 할 수 있는 '정언삼단논법'에 대해서만 살펴보기로 한다.

우선 널리 알려진 하나의 정언삼단논법을 예로 하여 그 구조와 원리를 알아보자.

모든 동물은 생명체이다.
모든 인간은 동물이다.

---

그러므로 모든 인간은 생명체이다.

정언삼단논법의 각 판단에 속하는 개념들은 고유한 이름을 갖는다. 이 명명의 준거점은 결론의 주어 개념과 술어 개념인데, 전자를 소개념(minor concept)이라고 하고 후자를 대개념(major concept)이라고 한다. 앞의 예에서 소개념은 '인간'이고 대개념은 '생명체'이다. 이 두 개념을 '대－소'의 크기로 구별한 이유는 대체로 주어 개념의 외연이 술어 개념의 외연보다 작기 때문이다.

**알아 두기**

**소개념:** 삼단논법에서, 소전제의 주개념으로서 결론의 주어가 되는 개념. '모든 짐승은 동물이다. 모든 개는 짐승이다. 따라서 모든 개는 동물이다.'에서 '개'와 같은 개념을 말한다.

**중개념:** 정언적 삼단논법의 대전제와 소전제의 양자에 포함되어 대개념과 소개념을 매개하여 결론을 성립시키는 개념. 이를테면 '모든 동물은 죽는다. 소는 동물이다. 그러므로 소는 죽는다.'라는 논법에서의 동물 따위를 이른다.

**대개념:** 삼단논법에서 결론의 술어가 되는 개념. '물고기는 동물이다. 붕어는 물고기다. 그러므로 붕어는 동물이다.'에서 '동물'과 같은 개념을 이른다.

출처: 표준국어대사전.

전제들에도 소개념과 대개념이 있다. 첫 번째 전제의 술어 개념이 대개념이고, 두 번째 전제의 주어 개념이 소개념이다. 그런데 전제들에는 소개념도 아니고 대개념도 아닌 제삼의 개념이 하나씩 있다. '동물'이라는 개념이 바로 그것인데, 이것을 중개념(middle concept)이라고 한다. 여기서 '중'이라는 말도 '대－소'와 비교하여 그 외연의 크기를 나타내는 것이다. 중개념은 소개념과 대개념을 매개하는 역할을 수행하기 때문에 매개념(媒槪念)이라고 부르기도 한다.

다른 한편, 삼단논법의 전제를 구성하는 두 가지의 판단들도 각각 고유한 이름을 갖는다. 이 전제들에 이름을 부여하는 준거점은 다름 아닌 개념의 이름이다. 대개념을 포함하는 전제를 대전제라고 하고, 소개념을 포함하는 전제를 소전제라고 한다. 앞의 예에서 첫 번째 전제는 대전제이고 두 번째 전제는 소전제이다.

이상에서 설명한 정언삼단논법의 구조를 형식화하면 다음과 같다.

모든 M(중개념)은 P(대개념)이다. ……… 대전제 ┐
 ├ 전제
모든 S(소개념)는 M(중개념)이다. ……… 소전제 ┘

∴ 모든 S(소개념)는 P(대개념)이다. ……………………… 결론

다음으로 정언삼단논법의 기본원리를 살펴보자.

위의 논법을 보면, 결론은 S의 외연들이 모두 P라는 성질을 가진다고 주장한다. 그런데 대전제는 M의 외연들이 모두 P라는 성질을 가진다고 주장하고 소전제는 S의 외연들이 모두 M이라는 성질을 가진다고 주장할 뿐이다. 말하자면 두 전제에서 S와 P는 서로 분리되어 있다. 이처럼 전제에서는 서로 분리되어 있었던 S와 P가 결론에서 서로 연결될 수 있는 이유는 단적으로 말해서 중개념 M의 매개 역할 때문이다. 그러므로 정언삼단논법은 서로 분리되어 있던 S와 P가 M의 매개 덕분에 서로 연결될 수 있음을 밝히는 연역 논증의 한 가지 형식이라고 할 수 있다.

### 3) 변증법적 논증

독일의 관념론자 헤겔(Hegel)이 주장한 문답법인 변증법은 '정(正)'이라는 지금의 상태와 이것에 대립하는 '반(反)'이 나와서 정과 반이 서로 투쟁하여 '합(合)'이 도출이 되고 그 '합'이 다시 '반'과 만나 다시 '합'을 만들어 가는 것이다. 이것은 낮은 인식의 단계에서 높은 인식의 단계로 나아가게 하는 장점이 있다. 예를 들면, 인간의 본성에 관한 질문에 "인간은 선천적으로 착하다."라는 성선설에 "인간은 선천적

으로 악하다."는 성악설이 서로 대립 투쟁하여 새로운 단계의 인식이 나온다.

만약에 인간의 본성이 악하다면 그 악한 본성이 나오지 못하도록 하는 환경을 만들어 주고, 마찬가지로 착하다면 그 본성을 발현할 수 있도록 환경을 만들어 주면 된다는 새로운 인식이 나타난다는 것이다.

"인간의 본성은 환경에 의해 결정된다."라는 새로운 단계의 인식인 '환경결정론'이 나오고 그것에 대립하는 "인간의 본성은 환경에 따라 변한다."라는 '환경변화론'이 나와 대립 투쟁하여 새로운 인식의 단계인 '사회제도론'이 나오는 것이다. 사회제도론은 처한 환경을 극복하도록 모두에게 요구할 수 없기에 복지제도에 대한 새로운 논의가 나오게 만든다는 것이고, 결국 인간의 본성에 대한 논의가 새로운 차원에서 발전된 것으로 이루어지는 장점을 만들어 낸다는 것이다.

## 생각해 보기

귀납 논증과 연역 논증을 알면 어떤 점이 각각 좋은지 설명하시오.

# 7. 좋은 논증이란?

좋은 설명과 논증은 논리적인 삶의 기본 조건이다. 설명은 어느 정도 살아가면서 무의식적으로 그 능력이 향상되는 것이지만, 논증은 의식적인 노력을 통한 학습이 필요하다.

좋은 논증은 다음과 같은 조건을 갖추면 된다.

첫째, 수용 가능한 논지가 필요하다.

둘째, 논거(이유)와 논지(주장)는 적절하게 연결되어야 한다.

셋째, 논거는 적절하고 충분해야 한다.

넷째, 예상되는 반론을 대비해야 한다.

## 1) 논증의 구성

논증의 가장 기본적인 구성요소는 주장과 근거다. 우리는 다른 사람의 말이나 글을 듣고 읽을 때 다음과 같은 순서로 그 진위를 파악한다.

첫째, 문제 파악이다. 상대방의 표현에서 어떤 핵심 문제(논점)에 대하여 논의하고 있는지 확인해야 한다.

둘째, 주장 파악이다. 무엇을 주장(논지)하고 있는지 확인해야 한다.

셋째, 근거 파악이다. 주장이 옳다고 정당화하기 위한 근거(논거)가 무엇인지 확인해야 한다.

일반적으로 주장은 쉽게 할 수 있지만, 근거를 밝히는 것은 경험이나 배경지식이 필수적이어서 쉬운 일이 아니다. 그런 것들이 부족한 경우에는 인터넷을 통한 근거 자료 찾기가 수월하겠지만, 어느 정도 전문성이나 학술성을 담보하려면 그 분야에서 권위 있는 전문가의 의견(소견)을 여러 문헌을 통해 인용하는 것이 객관적이고 확실한 근거를 대는 데 유리하다.

## 2) 좋은 논지(주장)란?

주장은 자신의 말이나 글에서 표현된 것들이 옳다는 것을 입증하는 것이다. 주장의 목적은 설득이고, 자기 생각에 동의를 요청하여 상대방의 태도나 생각을 바꾸는 것이다. 좋은 주장의 요건은 다음과 같다.

첫째, 자기 생각이 분명하고 명료하게 전달되게 표현되었는지 점검해야 한다. 여기서 무엇이 분명하고 명료한 것인지 설명하기 어렵기 때문에 분명한 것의 반대는 애매한 것이고, 명료한 것의 반대가 모호한 것이라고 이해하면 된다. 즉, 주장은 애매모호하면 안 된다. 애매함은 다의성을 말하고, 모호함은 전달되는 정보의 기준이 없는 것이다.

둘째, 논지(주장)는 정확해야 한다. 주장의 내용이 참인지 거짓인지를 점검해야 한다. 만약에 참과 거짓을 가리기 어려울 때는 주장이 합리적으로 수용 가능한 것인지 따져 보아야 한다. 즉, 정확한지 아닌지를 먼저 점검하고 합리적 수용 가능성은 보조적 기준으로 설정하면 된다.

셋째, 논지와 근거 사이의 적절성을 점검해야 한다. 논지에 대한 논거가 정당한지 따져 보아야 한다. 예를 들어, 귀신이 과연 있는지 없는지 논할 때 대부분 사람이 귀신이 있다고 믿는 이유를 근거로 들어 귀신은 존재한다고 주장하면 안 된다는 것이다.

## 3) 좋은 논거(근거)란?

논거는 일반적으로 사실 논거와 소견 논거로 나뉜다. 사실 논거는 논지(주장)를 지지하거나 뒷받침하기 위해 구체적이고 현실적인 사례를 근거로 제시는 것이다. 예를 들어, 일반적인 상식, 역사적 사실, 통계, 자료, 실험 결과 등이다. 따라서 사실 논거는 출처를 밝히는 것이 중요하고 자의적인 해석이 들어가면 안 된다. 소견 논거는 말 그대로 전문가나 권위 있는 사람의 주장을 근거로 제시하는 것이다. 마찬가지로 출처를 밝히거나 정확하게 인용하는 것이 중요하다.

좋은 논거의 요건은 다음과 같다.

첫째, 구체적이고 명료해야 한다.

둘째, 적절해야 한다. 너무 많거나 불필요하면 논지가 불분명해진다.

셋째, 충분하지 않은 사례를 들어 일반화해서는 안 된다.

넷째, 논지와 관련된 논거를 제시해야 한다. 이럴 경우, 논지와 관련된 논거만을 제시하는 것보다 전형적인 논거를 제시해야 한다.

다섯째, 논거는 정확해야 한다. 다른 사람의 자료나 글의 일부 내용을 가져와 자신의 논증에 이용하면서 원래 글의 취지나 의도를 제대로 반영하지 못하거나 왜곡해서는 안 된다. 근거의 출처를 분명히 밝힐 수 있어야만 근거의 신뢰성을 담보할 수 있다.

여섯째, 논거는 대표성을 지녀야 한다. 논거는 전형적인 표본이어야 한다. 일부에 국한된 사례여서는 안 된다. 사례를 가져올 때는 그 사례가 어떻게 표본이 될 수 있는지 설명할 수 있어야 한다. 예를 들어, 한국의 대학생에 관한 연구를 하면서 특정 대학의 학생만을 대상으로 조사하면 안 된다.

일곱째, 논거는 수용 가능해야 한다. 논거는 진실로서 합리적으로 받아들일 수 있어야 한다. 논거가 얼마나 검증된 것인지를 밝힐 수 있어야 한다. 또한 현실에 적합하고 입증 가능해야 한다.

여덟째, 논거는 충분해야 한다. 근거로부터 논지가 도출되는 과정이 타당해야 한다. 자신의 논지에 대한 반론을 뒷받침할 근거가 없어서 자신의 주장이 타당하다는 식의 오류를 저질러서는 안 된다.

## 생각해 보기

좋은 논증을 펴면 어떤 점이 좋은지 구체적인 예를 들어 설명해 보시오.

## 8. 양도논법(兩刀論法, dilemma)

양도논법은 논리학에서 가언명제와 선언명제가 혼합된 삼단논법이라고 정의한다. 그러나 딜레마는 일상에서 자주 언급되는 표현으로 둘 중 하나를 선택해야 하는 경우 어떤 쪽을 선택하더라고 불만족스러운 결과가 오는 상황을 뜻한다. 살아가면서 우리는 여러 가지 딜레마 상황에 처하게 되는데, 이런 경우 반드시 어떤 쪽을 택해야 한다는 강박관념이나, 이거 아니면 저것이라는 흑백논리에 빠져 올바른 선택을 하는 데 장애가 되는 경우가 많다.

### 알아 두기

**정언명제, 가언명제와 선언명제**

**가언명제와 정언명제:** 삼단논법에서 대전제가 가언명제(hypothetical proposition)이고, 소전제와 결론은 정언명제(categorical proposition)로 구성된다. 가언명제란 "만일 ~이면, ~(이)다."라는 문장으로 시작하는 문장을 말한다. 이 두 문장은 두 개의 문장으로 나눌 수 있는데, '만일 ~이면'이란 부분과 '~(이)다.'라는 부분이다. 예를 들면, "만일 가루 물질이 설탕이라면, 그 가루 물질은 물에 녹는다."라는 문장에서 '만일 가루 물질이 설탕이라면'을 전건이라 하고 '그 가루 물질은 물에 녹는다.'를 후건이라 한다. 이때 "가루 물질은 설탕이다."와 "그 가루 물질은 물에 녹는다."라는 문장은 정언명제인 것이다.

**선언명제(disjunctive proposition):** 하나의 명제 안에 두 개의 명제가 '또는'으로 연결된 명제다.

딜레마의 어원을 따지면 '달려오는 황소의 오른쪽 뿔을 피하면 왼쪽에 찔리고, 왼쪽을 피하면 오른쪽 뿔에 찔리는 상황'에서의 선택을 표현하는 데서 나온 개념이다. 이런 의미에서 딜레마 상황에서의 각각의 대안을 '딜레마의 뿔(horn of dilemma)'이라고 표현한다.

딜레마의 사전적 정의를 보면 딜레마를 '양도논법(兩刀論法), 진퇴양난(進退兩難)'이라고 정의하고 있으며, 딜레마는 곤경(predicament), 난국(quandary), 궁지(scrape), 고정(fix), 곤란(jam), 난처(pickle) 등과 동의어로 사용되고 있다.

딜레마의 어원은 그리스어의 dilemmatos, 즉 둘의 의미를 가진 'di'와 제의, 논제(論題), 명제를 의미하는 'lemmatos'에서 lemma가 합쳐진 합성어이다. 따라서 양도논법은 그 어원상 '이중의 전제'라는 의미를 포함하고 있다. 이때 양도논법에 있어서 대전제가 이중적 구조를 갖는다는 것은 가언명제와 선언명제 구조가 이중적으로 나타나 있다는 것을 의미한다.

그렇다면 우선 양도논법의 대전제는 두 개의 가언명제가 연역적으로 구성되어야 한다. 그런데 이 두 가지 가언명제 사이에는 매우 엄격하면서도 독특한 관계가 성립되어야 한다. 예컨대, "a이면 b이다."라는 가언명제와 "c이면 d이다."라는 가언명제가 한 양도논법의 대전제가 되기 위해서는 이 두 가언명제의 전건들(a와 c)과 후건들(b와 d)은 동일한 하나의 판단이거나 아니면 어떤 한순간에 일어날 수 있는 두 가지의 가능성이지만 동시에 일어날 수는 없는 배타적인 관계를 가져야만 한다. 따라서 두 가지 가언명제의 전건들이나 후건들이 동일한 하나의 정언명제라면 문제가 없지만 서로 다른 정언명제들이라면 실제에 있어서 그 진릿값은 결코 동일할 수 없다.

양도논법의 소전제는 부분가언삼단논법에서와 같이 대전제의 전건을 긍정하거나 후건을 부정하는 판단이다. 그런데 양도논법의 대전제는 두 가지의 가언판단으로 구성되어 있으므로, 소전제는 대전제에 나타나 있는 두 가지 가언판단의 각 전건을 모두 긍정하거나 각 후건을 모두 부정해야 한다. 그러나 앞에서 말했듯이 대전제의 두 가지 전건들과 두 가지 후건들은 동시에 긍정될 수 없는 배타적 관계를 갖는다. 따라서 소전제는 대전제의 전건들을 선언적으로 긍정하거나 후건들을 선언적으로 부정해야 한다. 따라서 소전제는 항상 하나의 선언판단으로 나타난다. 이때 소전제를 구성하는 두 가지의 선언지를 '칼' 또는 '뿔'이라고 부르기도 한다. 아마도 이것을 '칼'이라고 부르는 데서 이 논법을 '양도(兩刀, 두 가지의 칼)논법'이라고 명명하는 것 같다.

이러한 맥락에서 본다면, 양도논법의 근본원리는 부분가언삼단논법의 근본원리와 똑같다. 즉, 대전제에 제시된 두 가지의 가언판단의 각 전건들을 선언적으로 긍정함으로써 긍정된 후건을 결론으로 도출하거나(구성식), 또는 대전제에 제시된 두 가지의 가언명제의 각 후건들을 선언적으로 부정함으로써 부정된 전건을 결론으로 도출하는 것(파괴식)이 양도논법의 원리이다. 그런데 실제로 우리가 양도논법을 구사할 경우 구성식을 사용할 것인가 아니면 파괴식을 사용할 것인가 하는 것은 사실상 대전제의 구조에서 이미 결정되어 있다.

대전제가 두 가지의 가언명제로 되어 있다고 할 때 이 둘 사이의 독특한 관계에 대해서는 이미 말했지만, 그 구조는 크게 두 가지로 구별된다. 그 하나는 두 가지 가언명제 사이의 전건이나 후건이 동일한 정언명제로 되어 있는 경우(단순식)인데, 이것은 다시 전건이 동일한 경우와 후건이 동일한 경우로 구별된다. 다른 하나는 전건과 후건이 모두 다른 정언명제로 되어 있는 경우(복합식)이다.

먼저 단순식 중에서 전건이 동일한 정언명제로 되어 있는 대전제가 주어져 있다면, 소전제는 항상 다른 선언명제이어야 하므로 대전제의 두 가지 후건들을 부정하는 파괴식을 사용해야 할 것이다. 반면 단순식 중에서 후건이 동일한 정언판단으로 되어 있는 대전제가 주어져 있다면 구성식을 사용해야 할 것이다. 그러나 대전제가 복잡식이라면 구성식이나 파괴식 중에서 어느 것을 사용하더라도 무방할 것이다. 따라서 양도논법의 구조는 크게 단순구성식, 단순파괴식, 복합구성식, 복합파괴식으로 나누어질 수 있다.

**알아 두기**

**딜레마의 네 가지 종류:** 단순구성식, 단순파괴식, 복합구성식, 복합파괴식

결론이 단문이면 '단순'이고, 복문이면 '복합'으로 구분한다. 예를 들어, "나는 공부를 잘한다."와 같이 주어와 술어가 하나씩 등장하는 문장은 '단순'을 붙이고 "나는 공부를 잘하고, 동생은 공부를 못한다."처럼 두 개 이상의 문장이 합쳐진 문장은 '복합'을 붙인다는 것이다.

긍정명제는 '구성적'이고, 부정명제는 '파괴적'이다.

## 1) 단순구성적 양도논법

단순구성적 양도논법 형식은 "A면 B다. C면 B다. A이든가 C이든가이다. 따라서 B다."이다.

내가 당구공을 치면 당구공이 움직일 것이고, 또 내가 당구대를 흔들어도 당구공이 움직일 것이다. 나는 당구공을 치거나 당구대를 흔들 것이다. 그러므로 당구공은 움직일 것이다.

위의 예에서 대전제의 두 가지 가언명제는 모두 가언판단으로서의 올바른 조건을 갖추어야 한다. 즉, 각 전건은 각 후건에 대하여 충분조건이 되어야 한다는 것이

다. 그리고 소전제는 선언명제이어야 한다. 즉, 지금 내가 이 순간에 행할 수 있는 것은 당구공을 치는 것과 당구대를 흔드는 것이라는 두 가지이지만, 이 두 가지 행위를 동시에 할 수는 없어야 한다. 이처럼 두 전제가 전제로서의 자격을 갖추고 있으며 또 추리 형식도 타당하므로 이 추리는 건전한 추론이 되는 것이다.

### 2) 단순파괴적 양도논법

단순파괴적 양도논법 형식은 "A면 B다. A면 C다. B가 아니든가 C가 아니든가이다. 따라서 A가 아니다."이다.

> 누군가가 모닥불을 피운다면 빛이 발생할 것이고 또 모닥불을 피운다면 열도 발생할 것이다. 그런데 빛이 발생하지 않았거나 열이 발생하지 않았다. 그러므로 누군가가 모닥불을 피우지 않았다.

위의 예에서 이 논법의 대전제를 이루는 두 가지의 가언명제가 올바른 가언명제라는 것은 쉽게 알 수 있다. 그런데 소전제가 선언명제이기 때문에 빛이 발생하지 않은 것과 열이 발생하지 않는 것 중에서 하나만 참이고 다른 하나는 거짓이어야 한다. 예컨대, 누군가가 손전등을 켰기 때문에 빛이 발생했다고 하자. 그렇다면 빛이 발생하지 않았다는 것은 거짓이고 열이 발행하지 않았다는 것은 참이다. 따라서 소전제도 참이다. 이처럼 열은 발생하지 않았고 빛만 발생했다는 것은 결국 그 누구도 모닥불을 피우지는 않았다는 것을 입증한다. 따라서 이 추론은 건전한 추론이 된다.

### 3) 복합구성적 양도논법

복합구성적 양도논법 형식은 "A면 B다. C면 D다. A이든가 C이든가 이다. 따라서 B이든가 D이든가 이다."이다.

> 대학생 갑이 강의를 듣는다면 출석점수가 높아질 것이고 아르바이트를 한다면 돈을 벌 것이다. 갑은 강의를 듣거나 아르바이트를 했다. 그러므로 갑은 출석점수가 높아지거나 돈을 벌 것이다.

위의 예에서 대전제를 구성하는 두 가지 가언명제는 모두 참이다. 그렇지만 지금 이 순간에 강의를 듣는 것과 아르바이트를 하는 것을 동시에 할 수는 없다. 그리고 출석점수를 높이는 것과 돈을 버는 것도 동시에 일어날 수 없다. 그렇다면 강의를 듣는다는 것과 아르바이트를 하는 것 둘 중의 하나가 참이라면 다른 하나는 반드시 거짓이 된다. 따라서 이 둘을 선언지로 하는 선언명제인 소전제는 참이다. 그런데 만약 소전제에서 강의를 듣는 것을 참이라고 가정한다면, 결론에서는 갑의 출석점수가 높아지는 것이 참이 될 것이고 돈을 벌 것이라는 것은 거짓이 될 것이다. 물론 이 두 가지를 선언지로 하는 선언명제인 결론도 역시 참이다. 이처럼 두 전제가 참일 때 결론도 참이 될 때만 건전한 양도논법이 성립될 수 있다.

### 4) 복합파괴적 양도논법

복합파괴적 양도논법 형식은 "A면 B다. C면 D다. B가 아니거나 D가 아니거나이다. 따라서 A가 아니거나 C가 아니거나이다."이다.

> 갑이 도둑이라면 선량한 시민이 아닐 것이다. 갑이 시민의식이 투철한 사람이라면 사회 법규를 잘 지킬 것이다. 그런데 갑은 선량한 시민이거나 사회 법규를 잘 지키는 사람이 아니다. 그러므로 갑은 도둑이 아니거나 시민의식이 투철한 사람이 아니다.

위의 예에서 추리의 대전제인 두 가지 가언명제는 모두 참이다. 그리고 소전제가 참이라면 갑은 선량한 시민이거나 사회 법규를 잘 지키지 않는 사람일 것이다. 그런데 갑은 실제로 선량한 시민이며 사회 법규를 잘 지키는 사람이라고 가정해 보자. 그렇다면 소전제의 첫 번째 선언지는 참이고 두 번째 선언지는 거짓이며, 이러한 두 가지의 선언지로 구성되는 선언명제인 소전제는 참이다. 이처럼 양 전제가 모두 참이라면, 갑은 선량한 시민이기 때문에 도둑이 아닐 것이고 사회 법규를 잘 지키는 사람이기 때문에 시민의식이 투철한 사람일 것이다. 이것은 곧 결론의 첫 번째 선언지가 참이고 두 번째 선언지가 거짓이라는 것을 의미한다. 따라서 결론도 역시 참인 선언명제라고 할 수 있다. 따라서 위의 추론은 양 전제가 모두 참이면서 결론도 참인 건전한 추론이다.

### 5) 딜레마에서 빠져나오기: 양도논법의 뿔

지금까지 우리는 양도논법의 타당한 형식들을 살펴보았다. 양도논법은 형식상 분명히 타당한 논법이지만 내용상 매우 까다로운 것이므로 건전한 양도논법을 구사하기 위해서는 특히 주의해야 한다. 그러나 우리의 일상생활에 있어서 문제는 우리 자신이 양도논법을 구사하는 경우보다도 오히려 다른 사람이 구사하는 양도논법을 접할 경우에 발생한다.

예컨대, 나와 논적이 되는 어떤 사람이 나에게 두 가지의 선언지 중에 하나를 선택하도록 하여 내가 하나의 선언지를 선택했을 때 내가 어떤 선언지를 선택하든지 관계없이 각각의 선언지 모두가 그 자신의 주장을 수용하도록 하는 두 가지의 가언명제들을 미리 준비해 두었다가 그것을 양도논법으로 구성하여 나에게 제시한다면, 결국 나는 그 사람의 주장을 수용하지 않을 수 없는 입장에 서게 되는 것이다. 우리가 이러한 경우에 직면하여 진퇴양난에 빠졌을 때 우리는 "양도논법의 뿔에 걸렸다(to be on the horn of dilemma)."는 말로 표현한다. 이제 여기에서는 양도논법의 뿔에 걸리는 경우들로 어떤 것들이 있는지, 그리고 그러한 궁지를 벗어나는 방법으로 어떤 것들이 있는지를 살펴보자.

① 뿔 사이로 피하기(escaping between the horns)

불완전 선언을 통해서 우리로 하여금 양도논법의 뿔에 걸리도록 하는 경우가 있다. 만약 장학금을 지급하기 위해서 학생들을 심사하는 어떤 교수가 어떤 학생에게 "자네는 원래 공부하기를 좋아하는가, 싫어하는가?"라는 물음을 던진다면 그 학생은 이 물음의 특성상 공부하기를 좋아한다거나 싫어한다고 답해야 할 것이다. 그런데 이때 이 학생이 어떤 쪽에 찬성하든지 간에 어느 한쪽으로 답한다면 이 학생은 양도논법의 뿔에 걸리게 된다. 즉, 그 교수는

> 자네가 원래 공부하기를 좋아한다면 장학금이 필요 없을 것이다. (왜냐하면 자네에게 장학금을 지급하지 않아도 자네는 공부를 열심히 할 것이니까) 또 자네가 원래 공부하기를 싫어한다면 장학금의 효과가 없을 것이다. (왜냐하면 장학금이란 공부를 열심히 하게 하는 자극제의 의미가 있으니까) 그런데 자네는 본래 공부하기를 좋아하거나 싫어할 것이다. 그러므로 자네에게는 장학금이 필요 없거나 장학금의 효과가 없을 것이다.

위와 같은 복합구성적 양도논법에 따라 어떤 경우에도 이 학생에게는 장학금을 지급하지 않아도 된다는 결론을 도출해 낼 수 있게 되는 것이다.

이러한 궁지에 빠졌을 때 우리는 뿔 사이로 피하기(escaping between the horns)라는 처방을 써야 한다. 이것은 선언 불완전의 오류를 적절하게 지적함으로써 이러

한 논법의 비건전성을 논박하는 방법이다. 단적으로 말해서 앞의 논법에 있어서 소전제는 선언 불완전의 오류를 범하고 있다. 즉, 학생이란 원래 공부하기를 좋아하는 사람도 있고 또 본래 공부하기를 싫어하는 사람도 있을 것이지만, 그 밖에 그저 그런 사람도 있을 것이다. 그런데 이 교수의 논법은 공부하기를 본래 좋아하는 사람과 공부하기를 본래 싫어하는 사람이라는 두 가지의 경우만 선언지로 제시함으로써 학생을 궁지에 빠뜨렸다. 그러나 이때 이 학생은 "나는 공부하기에 대해서 그저 그런데 어떤 자극이 있다면 열심히 공부하기도 하고 자극이 없다면 열심히 공부하지 않는다."라는 식의 다른 새로운 선언지를 제시함으로써 교수의 논법을 반박할 수 있다. 이것이 바로 '뿔 사이로 피하기'이다.

② 뿔로 잡기(taking the dilemma by the horns)

올바르지 않은 가언명제를 대전제로 삼음으로써 우리로 하여금 양도논법의 뿔에 걸리도록 하는 경우가 있다. 예를 들어, 어느 기독교 목사의 집에 사상 서적을 팔러 간 서적상에게 그 목사가 "이 책의 내용이 성서와 부합합니까? 성서와 부합하지 않습니까?"라고 물었다고 하자. 이때 이 서적상이 어느 한쪽으로 답한다면 그는 그 목사의 양도논법의 뿔에 걸리게 된다. 즉, 그 목사의 논법은 다음과 같다.

> 이 책의 내용이 성서와 부합한다면 이 책은 쓸모없다. (왜냐하면 성서만 읽어도 충분하니까) 또 이 책의 내용이 성서와 부합하지 않는다면 이 책은 유해하다. 이 책의 내용은 성서와 부합하거나 부합하지 않을 것이다. 그러므로 이 책은 쓸모없거나 유해할 것이다.

이러한 양도논법의 뿔에 걸렸을 경우 우선 그 서적상은 '뿔 사이로 피하기'의 방법을 모색할 수 있다. 그런데 사실상 여기서는 소전제가 완전한 선언이어서 다른 새로운 선언지를 제시할 수 없다. 그렇다면 이러한 궁지를 벗어나기 위해서 이 서적상은 뿔로 잡기(taking the dilemma by the horns)라는 다른 하나의 방법을 사용할 수 있다.

이것은 대전제에서 제시된 두 가지의 가언명제 중에서 적어도 한 가지가 올바른 가언명제가 아니라는 사실을 지적함으로써 양도논법 자체가 건전하지 않다는 것을 입증하는 방법이다. 앞의 경우에는 두 번째의 가언명제에 문제가 있다. 즉, 이 책의 내용이 성서와 부합하지 않다는 것은 이 책이 유해하다는 것의 충분조건이 되지 않는다. 다시 말하면 성서가 우리에게 무해하다는 것은 인정한다고 하더라도 이 책이 성서의 내용과 부합하지 않다는 것만으로는 이 책이 유해하다는 것을 충분히 설명해 주지 못한다는 것이다. 이처럼 소전제를 인정하면서 대전제의 일부를 부정함으로써 양도논법의 비건전성을 지적하는 것이 바로 '뿔로 잡기'이다.

③ 반대논법으로써 반박하기(rebutting a dilemma by a counter dilemma)

옛날 아테네의 어떤 부인이 정계에 진출하려는 아들을 만류하기 위해 다음과 같은 양도논법을 썼다.

네가 만약 진리를 말하면 사람들이 너를 미워할 것이고, 네가 만약 허위를 말하면 신이 너를 미워할 것이다. 너는 진리를 말하거나 허위를 말할 것이다. 그러므로 너는 사람들에게 미움을 받거나 신에게 미움을 받을 것이다.

아들은 어머니의 주장에 대해 다음과 같은 반대논법으로 반박했다.

내가 만약 진리를 말하면 신이 나를 사랑할 것이고, 내가 만약 허위를 말하면 사람들이 나를 사랑할 것이다. 나는 진리를 말하거나 허위를 말할 것이다. 그러므로 신이 나를 사랑하거나 사람들이 나를 사랑할 것이다.

그러나 아들의 반박논법은 어머니의 원 논법을 본질적으로 논박한 것이 아니다. 아들의 논법이 건전하다면 어머니의 논법도 건전하고 아들의 논법이 건전하지 않다면 어머니의 논법도 건전하지 않다. 사실상 여기서 중요한 문제는 신의 사랑을 택할 것이냐? 사람들의 사랑을 택할 것이냐? 하는 결단의 문제인 것이다.

이처럼 반대 논증으로써 반박하기는 어떤 논법의 건전성 여부에 대한 본질적인 비판은 아니더라도 반박의 부수적인 효과를 얻을 수는 있다. 예컨대, 공개적인 토론 석상에서 절묘한 양도논법을 제기한 어떤 사람에 대해 다른 어떤 사람이 반대 논증으로써 반박했다면 청중의 시선은 일반적으로 반대 논증을 제기한 사람 쪽으로 쏠리게 된다. 이러한 것이 곧 부수적인 효과이다.

고대 그리스의 어느 유명한 소피스트(sophist)에게 한 청년이 찾아와서 변론술을 배우고자 했다. 그런데 이 청년은 지금 당장 돈이 없으므로 변론술을 다 배운 후 변호사업무를 하여 최초의 소송사건에서 이겼을 때 수업료를 지불할 것을 약속했다. 그러나 이 청년은 수업 과정을 마친 후에도 한참 동안 소송대리 업무를 맡지 않았다. 계속해서 밀린 수업료를 받지 못하고 있던 그 소피스트가 마침내 그 청년을 상대로 채권소송을 제기했다. 법정에서 청년을 만난 소피스트는 다음과 같은 논법을 제기했다.

> 이 소송에서 내가 이기면 (판사의 판결에 따라) 너는 나에게 수업료를 지불해야 한다. 또 이 소송에서 네가 이기면 (약속에 따라) 너는 나에게 수업료를 지불해야 한다. 이 소송에서 내가 이기거나 네가 이길 것이다. 그러므로 너는 나에게 수업료를 지불해야 한다.
>
> 뛰어난 변론가인 이 소피스트의 이와 같은 절묘한 변론을 들은 청년은 다음과 같은 반대 논법으로 응수했다.
>
> 이 소송에서 내가 이기면 (판사의 판결에 따라) 나는 당신에게 수업료를 지불할 필요가 없다. 또 이 소송에서 당신이 이기면 (약속에 따라) 나는 당신에게 아직 수업료를 지불하지 않아도 된다. 이 소송에서 내가 이기거나 당신이 이길 것이다. 그러므로 나는 당신에게 수업료를 지불하지 않아도 된다.

앞에서도 말했듯이 이 청년의 반대논법은 스승의 원 논법을 본질적으로 논박하지는 못했다. 그러나 그 법정의 청중들의 이목은 모두 이 청년이 발휘한 기지(奇智)에로 쏠리게 되는 것이다.

### 생각해 보기

생활에서 만난 자신의 딜레마 상황을 설명하고 그것을 어떻게 극복했는지 구체적인 예를 들어 설명하시오.

# 3부

# 적 용

# 3부 적 용

다음의 글은 기고받은 글로써, 독도 연구에 평생을 바친 한 저술가의 귀중한 연구의 결과다.

## 1. 독도 논쟁의 시말(始末)

**안상목**

미국 시애틀 거주 한인 회계사(CPA/CMA). 세무/재무/경제이론 칼럼니스트,
영한/한영 번역가, 독도문제 블로거

### 독도 논쟁의 시말(始末)

한국 정부와 일본 정부가 독도 영유권을 주장하는 방식은, 한마디로 말해서 양측 모두 단편적이다. 몰랐던 지도나 문헌이 발견될 때마다 그것 하나면 다 해결될 듯이 그것 하나만 가지고 주장하니, 다양한 발견자들의 이 주장 저 주장이 가끔 모순된다. 그렇게 해서는 일본 쪽으로도 한국 쪽으로도 논쟁을 끝낼 수 없다. 논쟁을 끝내기 위해서는, 어느 쪽이든 일사불란한 체계를 형성하고, 그 체계를 손상하는 단편적 주장은 수정 또는 삭제해야 한다.

일본은 17세기부터의 독도 영유권을 주장하기 좋아하고, 한국은 6세기부터의 독도 영유권을 주장한다. 즉, 양국은 "독도 영유권"의 역사를 논하고 있는 것이다. 이 글은 "독도 논쟁"의 역사에 관한 것이다. 영유권의 역사 대신 논쟁의 역사에 초점을 맞추면 많은 주장을 하나의 체계로 엮을 수 있고, 그 일이 잘되면 독도 논쟁은 끝난다.

## 논쟁의 시발

독도 논쟁의 시작 시점은 1949년 11월 14일이었다. 시발자는 당시 일본 주재 임시대사 (Ambassador to Japan ad interim 1947~1952) 윌리엄 시볼드(William J Sebald 1901~1980)였다. 관직 이름에 '임시'라는 말이 첨부된 것은, 그때의 일본은 자체 정부가 아닌 맥아더 군정이 통치하고 있었기 때문이다. 시볼드는 그날 미국 본토의 국무부로 다음의 전신을 보냈다.

(인용문 1) Recommended reconsideration Liancourt Rocks (Takeshima). Japan's claim to these islands is old and appears valid. Security considerations might conceivably envisage weather and radar stations thereon. 리앙쿠르암(타케시마)의 재고를 권고함. 이 섬에 대한 일본의 권리 주장은 오래되었으며, 그 주장은 타당한 것으로 보임. 안보상의 고려에서, 그곳에 기상대와 레이더 기지를 구상할 수도 있음.

이 전신이 배달된 곳은 샌프란시스코 조약이 만들어지는 현장이었다. 이 전신이 긴긴 독도 논쟁을 시작한 이유를 알려면, 먼저 그 조약의 의미부터 파악해야 한다.

어떤 땅의 영유권이 전쟁에 의하여 결정되는 경우도 있지만, 국제 간의 조약이라는 제도가 생겨난 이후로는 단지 전쟁이 있었다고 영유권이 확보되는 것은 아니다. 전쟁은 조약으로써 마무리되고, 분쟁지역의 영유권은 그 조약 속에서 확정된다. 1895년 청일전쟁이 끝나자 그 해에 시모노세키조약이 체결되었고, 거기서 일본은 요동반도와 대만의 영유권을 확보했다. 1905년 러일전쟁이 끝나자 그 해에 포츠머

드 조약이 체결되었고, 거기서 일본은 사할린 섬 남반부의 영유권을 확보했다.

1918년에 끝난 1차대전은 1919년 파리 조약에서 마무리되었다. 태평양전쟁이 끝난 것은 1945년이었으나, 그것을 마무리하기 위한 샌프란시스코 조약은 1951년에 가서야 완성되었다. 그 조약이 만들어지는 시간이 오래 간 것은, 여러 국가의 입장이 조정되어야 했기 때문이다. 그 전쟁에서 일본을 상대로 싸운 국가의 수효가 50에 육박하여 그들의 입장을 조율하기 힘들었기 때문이다. 한국은 전쟁 중 일본의 일부였다고 인식되어 그 조약의 서명국으로 초대되지 않았다.

## 시볼드 전신 이전과 이후

논쟁의 발단이 시볼드의 전신이었다 할 수 있으려면, 그 발단 이전의 상태와 이후의 상태를 비교해 볼 필요가 있다. 조약의 진행 과정을 독도를 중심으로 다음과 같은 연표를 작성해 본다. 연표에서 날짜를 알 수 없는 사건은 물음표 두 개(??)로써 표시했고, 앞의 인용문 1의 사건에는 밑줄을 쳤다.

(연표 1)

1945.07.26. 포츠담선언 (작은 섬들의 일본 영유권은 연합국이 결정하겠다는 내용)
1945.08.15. 일본의 무조건 항복 (무조건: 포츠담 선언을 무조건 수용한다는 뜻)
1946.01.29. SCAPIN 677 (독도는 한반도 담당관 하지 중장의 관할)
1946.06.22. SCAPIN 1033 (일본인 독도 접근 금지)
1947.03.19. 초안 1. 미국안 (독도는 한국령)
1947.06.??. 일본해 속의 작은 섬들 (포츠담 선언을 이행하는 과정)
1947.08.05. 초안 2. 미국안 (한국령)
1947.09.16. SCAPIN 1778 (독도를 미 공군 폭격 훈련장으로 지정)
1948.01.08. 초안 3. 미국안 (한국령)
1948.06.08. 독도 참사 (당시 한반도는 정부 수립 이전, 아직 하지 중장의 관할)
1949.06.30. 미군, 한반도에서 완전 철수

1949.09.07. 초안 4. 미국안 (한국령)

1949.11.02. 초안 5. 미국안 (한국령)

<u>1949.11.14. 시볼드의 전신</u>

1949.12.29. 초안 6. 미국안 (일본령)

1950.07.??. 미국 국무부 일본령 작은 섬들에 관한 비밀문서 (시볼드에 대한 반응 포함)

1950.08.07. 초안 7. 미국안 (일본령)

1951.04.07. 초안 8. 영국안 (한국령)

1951.05.02. 오키나와 등을 이유로 초안의 형태를 바꾸고 독도를 언급하지 않기로 결정함

1951.05.03. 초안 9. 미-영 합동안 (독도 영유권 무언급)

1951.06.14. 초안 10. 미-영 합동안 (무언급)

1951.09.08. 최종안 (초안 11). (무언급, 즉 당사국끼리 따로 결정할 사항)

1965.06.22. 한일기본조약 (독도는 합의 실패, 조약문에 무언급)

시볼드가 전신을 보낸 이전과 이후의 변화는 확연히 드러난다. 이전에는 독도가 한국령으로 인식되어 있었고, 이후에는 반대로 독도가 일본령으로 인식되었다. 8차 초안에는 다시 한국령으로 되었고, 그것은 아직 일본과 친해지지 않은 영국이 반대 의견을 내놓았기 때문이다. 이어 양국은 합의하여 그 조약에서는 독도를 언급하지 않기로 결정했고, 그 결정은 최종안까지 연결되었다. 그 조약에서 해결되지 않은 사항은 일본과 당사국이 따로 조약을 만들어 결정하기로 되어 있었다. 그에 따라 1965년 한일기본조약에서 수많은 문제가 해결되었으나, 독도문제는 해결되지 않았다.

시볼드의 개입 이전에 일어난 일을 간단히 요약해 본다. 연합국은 태평양전쟁을 종결짓기 위해 샌프란시스코에서 조약을 기안하고 있었고, 본토 4개의 섬 밖의 작은 섬들의 영유권에 관해서는 포츠담 선언의 관계 조항에 따라 먼저 일본의 소견을

받아들였다. 일본은 일본 주변의 모든 해양에 깔린 작은 섬들에 대해 일본의 주장을 문서화하기 시작했다. 일본은 지역별로 여러 개의 문서를 차례로 작성하여 제출했고, 그중 1947년 6월에 제출된 제4의 문서 속 "제2장 일본해 속의 작은 섬들"에 울릉도와 독도에 관한 일본의 입장이 담겨 있다. 연합국은 이를 무시한 듯, 1949년 11월 2일의 제5차 초안까지 변함 없이 독도를 한국령으로 인식하고 있었다.

2년 5개월 동안 독도 영유권 인식에 아무런 변화도 주지 못한 그 문서의 주요내용은, 아래 링크의 "Minor Islands in the Japan Sea" 아래에 열거되어 있다.

링크 1: https://en.wikipedia.org/wiki/Liancourt_Rocks_dispute

아래의 인용문 2는, 링크 1의 일본해 속의 작은 섬들 속에서 필요한 부분만 발췌 인용, 번역하고 원문과 번역문을 번갈아 써서 원문의 마디마디가 잘 보이도록 만든 것이다. 특별히 언급해야 할 부분에는 요점 번호를 붙였다.

(인용문 2) While there is a Korean name for Dagelet, none exists for the Liancourt Rocks. 다줄레 (Dagelet) 섬에는 (울릉도라는) 한국식 명칭이 있으나, 리앙쿠르 암석군에는 한국식 명칭이 없다. (요점 1) They are not shown in the maps made in Korea. 그 암석군은 한국에서 작성된 여러 지도에 표시되지 않았다. It is presumed no one has ever settled on the islets. 그 섬에 사람이 거주한 적은 없는 것으로 추정된다. (요점 2) In 1904, the inhabitants of Oki islands began to hunt sea-lions on these islets. 1904년, 오키 제도 주민들은 이 암석군에서 강치 사냥을 시작했다. (요점 3) [E]ach summer, the islanders, using Dagelet as their base, went regularly to the Rocks and built sheds as temporary quarters for the season. 매년 여름 오키 제도 주민들은 울릉도를 근거지로 하여 주기적으로 그 암석군에 강치 사냥을 나갔고, 사냥 기간 동안 막사를 지어 임시 숙소로 사용했다. (요점 4)

이 문서는 우연히 만들어진 것이 아니라 일본의 영토를 확정하기 위한 필수 절차로 제출된 것이다. 한국 정부는 도쿄 올림픽이 진행중인 2021년 여름 현재 아직도 이 문서의 가치를 발견하지 못하고 있는 것 같다. 인용문 2의 요점 1은 시볼드의 전신 이전에 연합국이 가졌던 독도에 관한 인식을 잘 알려 준다. 그 섬에 한국식 이름이 없다는 주장은 사실이 아니지만 (후술 인용문 9 참조) 그 사실보다 중요한 것은 한국식 이름도 없는 독도를 연합국이 한국령으로 인정했다는 사실이다.

연합국이 인용문 2 속의 요점 1을 그대로 믿었다는 사실의 흔적은 1950년 7월의 미 국무부 기밀문서 속에 나타난다. 그 기밀문서는 아래 링크에 사진의 형태로 저장되어 있다.

링크 2: https://en.wikisource.org/wiki/Draft_Treaty_of_Peace_With_Japan

저 링크에서 "Commentary on Draft Treaty by the Department of State on July, 1950"이라는 소제목을 찾으면, 그 아래에 여러 페이지의 사진 문서가 보인다. 그중 가장 오른쪽 페이지를 클릭하면 아래와 같은 부분이 발견된다.

> <u>Takeshima (Liancourt Rocks)</u> — The two uninhabited islets of Takeshima, almost equidistant from Japan and Korea in the Japan Sea, were formally claimed by Japan in 1905, apparently without protest by Korea, and placed under the jurisdiction of the Oki Islands Branch Office of Shimane Prefecture. They are a breeding ground for sea lions, and records show that for a long time Japanese fishermen migrated there during certain seasons. Unlike Dagelet Island a short distance to the west, Takeshima has no Korean name and does not appear ever to have been claimed by Korea. The islands have been used by U.S. forces during the occupation as a bombing range and have possible value as a weather or radar station site.

같은 장소에 누군가가 다시 타이핑해 두었으나, 중요한 문귀가 빠져 있기 때문에 사진 그 자체를 위와 같이 확대해야만 그 내용을 모두 읽을 수 있다. 인용문 2의 요점 1과 관련된 내용은 아래 완역본(인용문 3)의 요점 9에 보인다.

요점 9는 "타케시마에는 한국식 이름이 없다"라는 믿음이 시볼드 전신 이후까지 지속되었음을 보여 준다. 인용문 1 이전에 저러한 믿음에도 불구하고 연합국은 지속적으로 독도를 한국령으로 인식했다는 사실은 이로써 증명된다. 인용문 2의 요점 1에서 챙겨 둘 것은 여기까지다. 인용문 2의 다른 요지는 후술 다른 문맥에서 사용하기로 한다.

앞 사진의 문서는, 샌프란시스코 조약에서 일본령으로 결정될 작은 섬들의 사정을 정리한 미국 국무성 기밀문서의 일부이며, 독도 논쟁의 줄기세포 같은 것이다. 완역하면 아래 인용문 3이 된다. 인용문 2의 여러 요점에 이어, 요점 번호는 5번부터 시작된다.

(인용문 3) 두 개의 무인도로 되어 있는 타케시마는 일본해 속에 있으며 한일양국에서 거의 같은 거리에 있다. (요점 5) 1905년에 일본이 공식적으로 영유권을 주장하여 시마네현 오키섬의 관활하에 두었고(요점 6), 한국이 항의한 적은 없었던 것으로 보인다(요점 7). 강치의 번식처이며, 기록에 의하면 일본의 어부들이 오랫동안 철이 되면 그곳으로 이주했다. (요점 8) 서쪽 인근의 울릉도와는 달리, 타케시마는 한국식 이름이 없으며(요점 9) 한국이 이 섬의 영유권을 주장한 적은 없는 것으로 보인다(요점 10). 미군 점령 기간 이 섬은 폭격훈련장으로 사용되어 왔으며 (요점 11), 기상대 또는 레이더 기지로서의 가치가 있다. (요점 12)

요점 5는 당시 미국 국무부의 무지를 드러낸다. 후술 소제목 "1949년 11월 2일로의 회귀" 참조. 요점 6은 전술 시볼드의 전신을 뒷받침한 그 강력한 그것이다. 요점 7은 심흥택의 반발이 그 당시에는 알려지지 않았기 때문이다. 후술 마지막 소제목 "단편적 쟁점들" 참조. 요점 8은 강치 사냥꾼들이 울릉도를 근거지로 사용했다는 전술 인용문 2와 상반되고 후술 인용문 4와 일치한다. 그것은 인용문 3이 후술 인용문 4를 반영하고 있다는 증거다. 요점 9는 앞에서 이미 설명했다.

요점 10은 후술 석도에 관한 정보가 전혀 없었을 때의 미국 측 결론이다. 요점 11에서 1948.06.08. 독도 참사가 언급되지 않은 것은 불공평한 일이나, 그 불공평을 지적할 책임은 한국에게 있다.

요점 12는 국제관계의 변화를 의미한다. 그 변화를 가져온 가장 중요한 사건은 앞의 연표 1에 보이는 1949.06.30 미군 완전 철수다. 한반도에 미군이 없으므로 미국은 한국을 보호 대상으로 생각할 이유가 없어져 버린 것이다. 긴 세월을 두고 보면 한국전쟁으로 인하여 한미관계는 다소 회복되었지만, 저 인용문 3의 시점은 한국전쟁 발발 직후였기 때문에 아직 한미관계에 큰 변화가 생기지는 않았을 때였다. 시볼드의 전신은 이러한 변화에 따라 생겨난 돌발사태였다. 여기에서, 시볼드를 뒷받침한 강력한 그 무엇에는 미군 철수 이전에는 얼굴을 내밀지 못할 무슨 사정이 있지 않았을까 하는 의혹을 지울 수 없다.

인용문 1의 전신문은 그 자체로만 보면 인용문 2보다 약한 일방적 소견으로 보인다. 그것이 70여 년간 지속되는 독도 논쟁을 만들어 냈으므로, 강력한 그 무엇이 인용문 1을 뒷받침했다고 짐작할 수밖에 없다.

### 일본의 1905년 각의 결정문

1949년 11월 14일 시볼드 전신을 뒷받침한 것은 1905년 일본 각의가 결의한 독도 편입문서였다. 이 문서는 아래 링크의 일본 외무성 사이트에 사진으로 보관되어 있다.

링크 3: https://www.kr.emb-japan.go.jp/territory/takeshima/g_hennyu.html

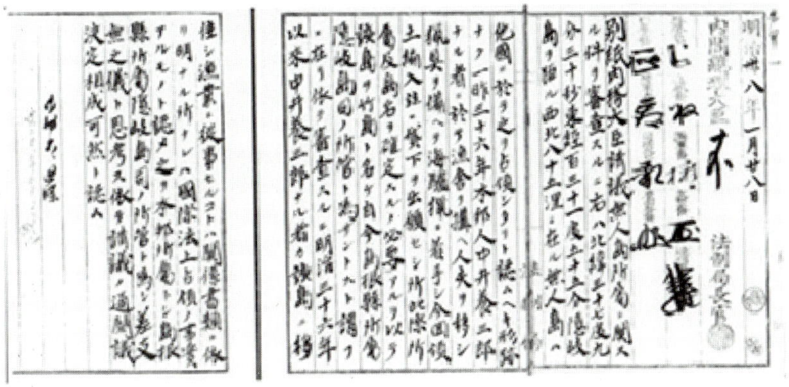

▲ 1905년 1월 28일 각의 결정(사진 제공: 국립공문서관 소장)

사진의 본문을 현대 한국어로 바꾸면 아래 인용문 4가 된다. 특별히 언급해야 할 부분에는 요점 번호를 붙였다. 인용문 2와 3의 여러 요점에 이어 이 인용문의 요점 번호는 13번부터 시작한다.

(인용문 4) 1905.01.28. 별지 내무대신 제안 무인도 소속에 관한 건을 심사한 바, 북위 37도 9분 30초, 동경 131도 55분, 오키섬(隱岐島)에서 서북으로 85리에 있는 이 무인도는 타국이 이를 점령했다고 인정할 만한 형적(形迹)이 없고 (요점 13); 지난 1903년 일본인 나카이(中井養三郎)란 자가 어업용 막사를 만들고, 인부를 데리고 가 엽구(獵具)를 갖추어서 해려(海驢) 잡이에 착수하고; 이번에 영토편입 및 임대를 출원한 바, 이때에 소속 및 섬 이름을 확정할 필요가 있으므로, 그 섬을 타케시마(竹島)라고 이름하고 (요점 14) 이제부터는 시마네(島根)현 소속 은기도사(隱岐島司)의 소관(所管)으로 하려고 하는 데 있다. 이를 심사하니 1903년 이래 (요점 15) 나카이란 자가 그 섬에 이주하고 어업에 종사한 것은 (요점 16) 관계서류에 의하여 밝혀지며, 국제법상 점령의 사실이 있는 것이라고 인정하여 이를 일본 소속으로 하고 시마네현 소속 은기도사(隱岐島司)의 소관으로 함이 무리 없는 건이라 사고하여 내무대신 의안 그대로 각료회의 결정이 성립되었음을 인정한다.

인용문 4에는 독도의 위치, 독도와 일본인과의 인연 등이 상세히 기술되어 있고, 독도를 일본령으로 편입해도 되는 근거도 요점 13과 요점 16으로 명시되어 있다.

앞의 인용문 4 이전의 한국 문헌 중에 인용문 4에 대항할 만한 것은 없고, 다만 1900년의 대한제국 칙령 41호만이 논자들의 진지한 관심을 끌 만하다. 칙령 속의 독도에 관련된 듯한 부분은 아래와 같다.

(인용문 5) 제이조(第二條). 군청(郡廳) 위치(位置) 태하동(台霞洞)으로 정(定)하고 구역(區域)은 울릉전도(鬱陵全島)와 죽도(竹島) 석도(石島)를 관할(管轄)할 사(事)

울릉도 주변에서 그 당시 '석도'라 불렸을 만한 섬은 독도뿐이다. 그러나, 인용문 5에는 아무런 설명이 없이 단지 이름만 나와 있기 때문에 그것이 과연 독도인가에 대해 논란이 있다. 반면, 앞의 인용문 4가 독도를 지칭한다는 사실에 대해서는 아무도 의문을 가질 수 없다. 인용문 5가 인용문 4보다 시대적으로 앞서 있지만, 문서의 질에서 인용문 4가 월등하다. 이 둘을 비교하는 것만으로는 논쟁을 끝낼 수 없다.

그러나, 만일 인용문 4에 치명적인 문제가 있어서 그것을 파기할 수밖에 없다면 이야기는 완전히 달라진다. 논쟁의 시발점이 없어지기 때문에 모든 것은 1949년 11월 2일 조약 5차 초안의 논리로 돌아가고, 논쟁은 더 이상 진행할 필요가 없게 된다. 인용문 4에는 다음과 같은 문제가 발견된다.

**(문제 리스트)**

문제 1. 저 문서가 거론된 시점이 1948년 6월 8일 이후이므로 금반언의 원칙 위반이다.

문제 2. 독도에 관해 반대로 결정한 선행 범령이 언급되지 않았기 때문에 입법 무효다.

문제 3. 1905년 1월의 일본에게는 독도를 편입할 필요도 의지도 없었다.

문제 4. 요점 14는 1877년의 법령을 감추기 위한 수단이라 문제 2를 악화시킨다.

문제 5. 요점 13은 한일의정서를 위반한 부실 주장이라 문제 2를 악화시킨다.

문제 6. 요점 15는 인용문 2와 상반되어 문제 1을 악화시킨다.

문제 7. 요점 16은 울릉도 불법체류를 감추기 위한 허위 주장이라 문제 2를 악화시킨다.

문제 8. 요점 16은 또 인용문 2와 상반되어 문제 1을 악화시킨다.

문제 1을 논할 때는 문제 6과 8도 함께 논하게 될 것이다. 문제 2를 논할 때는 문제 4, 5, 7을 함께 논하게 될 것이다. 문제 1과 문제 2 중 어느 하나만으로도 1905 독도편입문서는 무용지물이 된다. 문제 3은 문제 2의 시대적 배경을 조명한다.

## 1905 각의결정문의 문제 1. 금반언(禁反言)의 원칙 위반

금반언(estoppel)의 원칙이란, 갑이 어떤 주장을 했거나 또는 을의 어떤 주장에 대해 갑이 침묵으로써 동의한 상태에서, 갑의 그러한 주장이나 침묵에 대한 을의 믿음을 근거로 갑이 이득을 얻었거나 또는 을이 어떤 희생을 치렀을 경우, 그 이득 또는 희생 이후에는 그 믿음의 근거가 된 갑의 주장이나 침묵을 갑이 번복하지 못한다는 원칙이다.

1905년 각의결정문의 거론 시점을 두고 이 원칙을 적용하기 위해서는, (a) 일본이 무엇에 대해 침묵했으며, (b) 한국이 그 침묵을 믿은 증거는 무엇이며, (c) 한국은 무슨 희생을 치렀는가 등 세 가지를 밝혀 내면 된다. 일본의 침묵에 해당되는 것은, 1947년 인용문 2를 제출할 때 인용문 4를 첨부하지 않았다는 사실이다. 한국이 그 침묵을 믿었다는 것은 울릉도 사람들이 해마다 철이 되면 독도로 가서 해산물을 채취했다는 사실이다. 한국의 희생은 1948년 6월 8일의 독도 참사다.

(a) 일본의 침묵에 관하여: 인용문 4에서 가장 먼저 눈에 들어오는 것은 인용문 2와의 차이점이다. 첫째, 인용문 2의 요점 2에서는 독도에 사람이 거주한 적이 없다고 했고 요점 4에서는 오키 제도 주민들이 울릉도를 근거지로 하여 독도에 강치 사냥을 나갔다고 했는데, 인용문 4의 요점 16에서는 (오키 제도 출신 강치 사냥의 지휘자인) 나카이가 독도에 이주했다고 하고 있다. 둘째, 인용문 2의 요점 3에서는 1904년에 강치 사냥이 시작되었다고 했으나, 인용문 4의 요점 15~16에서는 나카이가 1903년에 독도로 이주했다고 하고 있다. 두 개의 문서를 통합하면 이주하고 난 다음 해에 강치를 사냥했다는 말인데, 그런 것은 있을 수 없다. 그것이 앞 페이지 '문제 리스트'의 문제 6과 문제 8이다.

인용문 2를 제출하던 당시 일본이 인용문 4를 첨부하지 않은 데는 그만한 사정이 있었다. 인용문 2는 일본이 울릉도와 독도를 모두 영유하려는 의지를 담고 있고, 그것을 위해 요점 4에서는 오키 제도 주민들이 "울릉도를 근거지로 하여" 독도 강치를 사냥했다고 주장하여 울릉도와 독도를 연결시키려 했다. 반면, 인용문 4에서는 울릉도가 전혀 언급되지 않고 있다. 1905년 당시 울릉도는 명백히 한국령이었으므로, 당시에는 독도를 울릉도에서 떼어 내는 것이 중요했다. 따라서, 인용문 2와 인용문 4는 양립할 수 없고, 1947년 6월 일본이 인용문 2를 제출한 일은 인용문 4를 포기한 셈이 된다.

설혹 인용문 4가 인용문 2 제출 서류에 살짝 끼어들어 있었다 하더라도, 인용문 2 속에 인용문 4의 내용이 담겨 있지 못하고 오히려 상반되기 때문에 일본은 인용문 4가 인용문 2에 첨부된 경우의 논리적 이득을 취할 수 없다. 이로써 일본의 침묵이라는 요건은 성립되며, 일본은 인용문 4의 존재에 대해 침묵한 것이다.

(b) 일본의 침묵을 한국이 믿은 일에 관하여: 일본이 인용문 4에 관하여 침묵하는 동안, 샌프란시스코에서는 지속적으로 독도가 한국령으로 인식되었고, 울릉도 사람들은 해마다 독도에 가서 해산물을 채취했다. 울릉도 사람들의 독도 진출 시점은 대략 1941년으로 추정된다. 그러한 추정이 가능한 것은, 2021년 올림픽 시즌 현재, 앞의 링크 3의 1905 각의결정문 사진 아래에 보이는, 다음과 같은 설명 때문이다.

(인용문 6) 또한 시마네현 지사는 다케시마가 '시마네현 소속 오키 도사의 소관'으로 결정됨에 따라 다케시마를 관유지대장(官有地臺帳)에 등록하는 동시에, 강치 포획을 허가제로 하였습니다. 강치 포획은 그 후 1941년(쇼와16년)까지 계속되었습니다. (요점 17)

요점 17을 보면, 일본 강치 사냥꾼들이 독도 출입을 그만둔 시점부터 울릉도 사람들이 독도에 출입했다는 사실을 자연스럽게 짐작할 수 있다. 울릉도 사람들의 독도 출입 사실은 앞의 연표 1에 나타나는 SCAPIN 677호 등에서도 추정할 수 있으며, 그러한 사실의 가장 강력한 증거는 1948년 6월 8일의 독도 참사다. 독도 참사는 한국의 그러한 믿음과 희생을 함께 증명한다.

(c) 한국의 희생에 대하여: 독도 참사에 대해서는 구글에서 "1948 독도폭격"으로 검색하면 여러 가지 견해를 읽을 수 있다. 이것은 설명이 불가능한 이상한 사건이며, 그 이상함은 당시 한국을 통치하고 있던 하지 중장이 6월 17일 미국 합참의장 브래들리(Omar Bradley, 1893~1981)에게 보낸 비공식 서신에 잘 나타난다.

(인용문 7) The Far East Air Force bombing of Korean fishing boats last week is the worst single event that has happened to us in some time. I don't know how it will come out. 지난 주 극동 공군이 한국 어선들에 가한 폭격은 한 동안 우리에게 일어난 사건 중 최악이며, 비교 대상이 없습니다. 그 귀추가 어찌될지 모르겠습니다.

위 내용을 저장하고 있는 아래 링크의 사이트는 한국에 잘 알려지지 않은 독도 관계를 수집, 제공한 미국인 Mark Lovmo 씨가 운영하고 있다.

링크 4: http://dokdo-research.com/temp3.html

위 사이트는 독도 논자들에게 지극히 중요한 정보를 많이 담고 있다. 그의 글을 차근차근 읽어 보면, 인용문 2와 독도 참사가 독도 논쟁에서 대단히 중요함을 깨달을 수 있다.

인용문 7은 책임자의 비통한 마음을 담고 있다. 이상한 일이지만, (독도를 미 공군 폭격훈련장으로 지정하는) 1947년 9월의 SCAPIN 1778호는 당시 한반도를 통치하고 있던 하지 중장에게 통보되지 않았다. 1948년 6월 8일 그날 아무 것도 모르고 독도에 갔던 울릉도 사람 중 수십 명이 미 공군 폭격으로 사망했고, 사망자 수효는 여러 가지로 알려져 있다. 이 참사는 수천 년 독도 역사에서 가장 중요한 사건이다. 독도가 누구의 것인지 알려면, 간단히 독도에서 누가 죽었는지만 물어보면 된다.

독도 참사의 희생으로 금반언의 원칙을 적용하기 위한 세 번째의 요건이 성립된다. 인용문 4에 관한 일본의 침묵이 번복될 수 있었던 마지막 날은 독도 참사 하루 전, 즉 1947년 6월 7일이었다.

금반언의 원칙에 의거, 정상적인 세상에서는 독도 논쟁은 처음부터 일어날 수도 없었다. 일본의 1905년 각의결정문이 나타날 자격을 잃은 다음 나타나서 독도 논쟁을 일으킨 것은, 그 당시 한미관계가 악화되어 1949년 6월 한반도에 있던 미군이 모두 철수했기 때문이다. 미국이 한국을 보호할 필요는 없어져 있었다. 인용문 3의 요점 11에서처럼, 미국은 독도 참사를 독도 영유권과 연결시키지 않았다. 한국전쟁 중 외무장관 변영태가 독도 참사를 영유권과 연관시켜 거론한 적은 있지만, 한국측에서 금반언을 논한 적은 없다.

## 1905 각의결정문의 문제 2. 입법 무효

만일 1905년 각의결정문이 인용문 2에 첨부되어 제출되고 각의결정문의 내용이 인용문 2에 충실히 반영되었더라면 어떻게 되었을까? 정상적인 세상에서는, 그렇게 되었더라도 독도가 일본령으로 인정되기는 극히 어려웠고, 만일 그때 어떻게 해서 그렇게 되었다 하더라도 한국이 그 부당성을 주장하고 나설 수 있는 근거는 충분하고도 넘친다. 왜냐하면, 그 결정문은 그 자체가 무효이기 때문이다.

각의결정문이 입법무효인 이유는 네 가지가 발견되며, 그것은 전술 소제목 "일본의 1905 각의결정문" 끝의 문제 리스트에 문제 2, 4, 5, 7로 열거되어 있다.

**선행 법령 무언급의 문제:** 독도 논쟁이 시작되고 나서 상당한 세월이 지난 뒤에 밝혀진 일이지만, 각의결정문보다 28년 전인 1877년의 일본은 독도를 한국령으로 인식하는 공식 문서를 작성했다. 독도 논자들은 이것을 태정관지령이라 부른다. 이 1877년은 한일 간 최초의 조약인 1876 강화도조약이 체결된 직후다. 1894 청일전쟁이 시작되기 이전의 일본은 강화도조약을 상당히 잘 지키고 있었다. 예를 들면, 1883년에는 김옥균의 요구에 따라 울릉도에 거주하던 일본인을 모두 일본 정부가 배에 태워 귀국시켰다. 이러한 분위기에서 작성된 태정관지령의 내용은 다음과 같다.

(인용문 8) 명치 10년(1877) 3월 20일.
별지 내무성 품의 일본해 내 타케시마(죽도) 외 1도 지적편찬의 건. 위는 원록 5년(1692년) 조선인(안용복 등)이 입도한 이래 구정부(막부)와 해당 국가(조선)와의 왕복의 결과 마침내 본방(일본)은 관계가 없다는 것을 듣고 상신하오니 (요점 18) 그 품의의 취지를 들으시고 다음과 같이 지령(指令)하심이 가한지 이에 품의합니다.
지령하달
품의한 취지의 타케시마 외 1도의 건에 대하여 본방(일본)은 관계가 없음을 가히 심득(心得)할 일.

요점 18은 태정관지령보다 185년 앞선 안용복 사건을 언급하고 있다. 흔히 "죽도일건"이라 불리는 그 사건의 결과, 막부는 타케시마(당시 일본이 부르던 울릉도 이름)와 마츠시마(당시 일본이 부르던 독도 이름)가 일본령이 아니라 조선령이라 결정했던 것이다. 태정관지령은 그 일을 언급하면서 울릉도와 독도의 영유권에 아무 변화가 없음을 인정한 문서다. 저 문서에서 말하는 외1도에 관련하여 첨부된 그림과 위치는 정확히 독도를 가리키고 있다.

기존 법령에 반대되는 법령을 입법하려면, 반드시 그 이전의 법령을 언급하여 그것이 신법에 의하여 수정된다는 사실을 명백히 해야 한다. 동시에, 원래의 법에다 주석을 붙여서 언제 어느 법에 의하여 어떠한 변화가 생겼는지를 명시해야 한다. 누구든지 법전을 조사하면 이것을 알 수 있다. 완전히 같은 경우는 아니지만, 인용문 6의 태정관지령에 그보다 185년 전의 일이 재확인되어 있는 것을 보면 이러한 입법 절차를 이해할 수 있다. 인용문 4에는 그러한 요건이 갖추어지지 않았으므로, 그것은 입법 무효다.

**비정상적 이름 뒤에 감추어진 의지의 문제:** 저 태정관지령으로부터 28년 후, 일본은 새로운 법을 만들어서 이번에는 태정관지령에 나오는 타케시마(울릉도)가 아닌, 새로운 어떤 무인도에 타케시마(독도)라는 명칭을 붙여서 그것을 일본 영토로 편입했다는 이야기다. 이 이상한 이야기에 대한 2021년 여름 현재 일본 외무성의 설명은 다음과 같다.

(인용문 9) 이상의 경위를 토대로 울릉도는 '마츠시마'로 불리게 되었으며, 따라서 (요점 19) 현재의 다케시마의 명칭을 어떻게 할 것인지가 문제가 되었습니다. 이 때문에 정부는 시마네현의 의견을 청취한 후, 1905(메이지38)년 그때까지의 명칭을 모두 대체하는 형태로 현재의 다케시마를 정식으로 '다케시마'라고 명명하였습니다.

인용문 9는 그 자체로는 거짓말이 아니지만, 독도 이름을 타케시마라 해야 할 이유는 되지 못한다. 그 당시 일본인들이 부르는 울릉도의 이름은 세 가지였다. 하나는 요점 19에서와 같은 마츠시마였다. 그 증거는 후술 인용문 11의 일본 군함 니이타카호의 일지에서 발견된다. 또 하나는 '울릉도'였다. 그것은 아래 링크에 보관되어 있는 나카이 요자부로의 대하청원서에 나타난다.

링크 5: https://www.cas.go.jp/jp/ryodo/shiryo/takeshima/detail/t1904092900101/t1904092900101-p02.pdf

그 첫 페이지의 모습은 아래와 같고, 본문 첫 줄에 "조선 울릉도"라는 글자가 보인다.

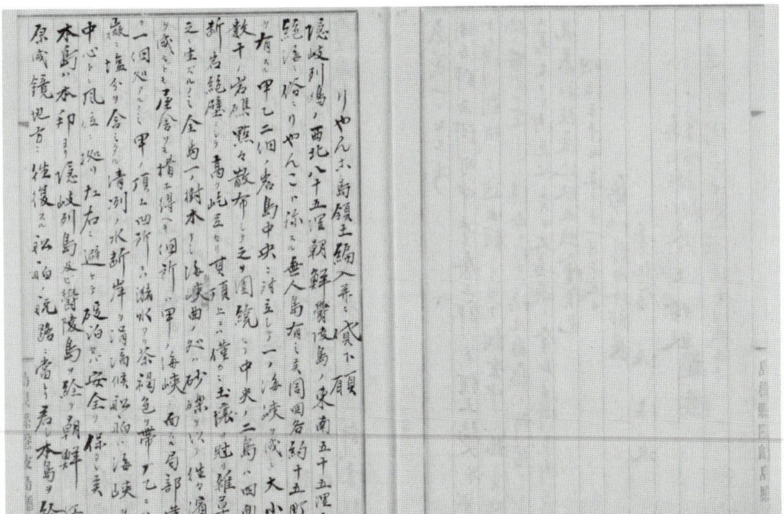
りやんこ島領土編入並ニ貸下願

저 글을 쓴 사람은 인용문 4에 나오는 '나카이' 그 사람이다. 흔히 대하청원서라 불리는 저 글의 제목을 읽어 보면, "량코섬 영토편입 및 대하를 원함"이라 되어 있다. 그것을 제출한 목적은 독도의 강치 사냥을 독점하기 위함이었다. 인용문 4의 문서는 여기서 생겨난 것이다. 이 청원서의 날짜는 1904.9.29일 자로서 인용문 4보다 불과 넉달 앞서 있으므로, 당시 일본인들이 울릉도를 부르는 또 하나의 이름을 확인해 준다.

울릉도를 지칭하는 제3의 일본식 이름은 불과 23년 전의 태정관지령에 나타나는 다케시마다. 만일 인용문 9의 주장대로 울릉도 이름과의 혼란을 피하기 위해서였다면, 마츠시마와 타케시마를 모두 피해야 한다. 마츠시마라는 이름을 피하기 위해 타케시마라는 이름을 지었다는 데는 "울릉도는 타케시마가 아니다"라고 하고 싶은 강력한 의지를 표출하고 있다.

울릉도가 타케시마가 아니라는 것은 태정관지령의 타게시마가 울릉도가 아니라는 뜻이 될 수도 있고, 현대의 일본 측 논자 중에는 울릉도 옆의 작은 섬 죽도(竹島)가 바로 그것이라는 주장을 펴는 사람도 있다. 인용문 8에서 안용복 사건이 언급되었으므로, 그런 주장은 말이 되지 않는다. 그런 주장이 있다는 것은, 태정관지령을 감추고 싶은 일본의 줄기찬 의지를 보여 줄 뿐이다. 이러한 의지가 뚜렷할수록 태정관지령이 독도 논쟁에 얼마나 중요한 요소인지가 잘 드러난다.

**한일의정서를 위반한 부실 주장의 문제:** 인용문 4의 요점 13은, 1905년 1월의 시점에서 검토하니 타국이 독도를 점령한 형적이 없더라는 이야기다.

일반적으로, 무인도를 발견한 국가는 주변의 타국에 선점 여부를 물어볼 의무가 없다. 타국이 선점 사실을 누구나 알 수 있도록 표시하지 않은 한, 그 섬은 무인도로 간주된다. 그러나, 당시의 한일관계는 일반 원칙을 적용할 수 있는 일반적인 관계가 아니었다. 한일의정서가 발효 중이었기 때문이며, 그 한일의정서의 주요 두 조항은 다음과 같다.

(인용문 10) 제3조 대일본제국정부는 대한제국의 독립과 영토보전을 확실히 보증할 것. (요점 20) 제4조 제3국의 침해나 혹은 내란으로 인하여 대한제국의 황실 안녕과 영토보전에 위험이 있을 경우에는 대일본제국 정부는 속히 임기응변의 필요한 조치를 행할 것이며, 그리고 대한제국 정부는 대일본제국 정부의 행동이 용이하도록 충분히 편의를 제공할 것. 대일본제국 정부는 전항(前項)의 목적을 성취하

기 위하여 군략상 필요한 지점을 임기수용할 수 있을 것. (요점 21)

이 중요한 조약과 다른 사건들과의 선후관계 또 지금부터 논할 다른 문제들의 선후관계를 파악하기 위해, 이제 독도 논쟁 관계 제2의 연표가 필요해졌다.

(연표 2)

1876.02.27. 강화도조약 (원산, 부산, 인천 등 3개 항구 개항 약속)

1877.03.20. 태정관지령 (일본 정부의 독도 한국령 인정)

1883.09.??. 울릉도 거주 일본인 254명 전원 귀국 (강화도조약에 의거)

1895.07.17. 시모노세키 조약 (이후 일본인의 울릉도 불법 거주 재개)

1900.10.27. 대한제국 칙령 41호 (석도 쟁점의 근거)

1904.02.08. 러일전쟁 발발

1904.02.23. 한일의정서 (러일전쟁 수행을 위한 한일 간의 조약)

1904.09.02. 울릉도 망루 업무 개시 (한일의정서에 의거)

1904.09.25. 일본 군함 신고호의 일지 ("한국인은 량코섬 이름을 독도라고 쓴다.")

1904.09.29. 나카이 요자부로의 대하청원서 (울릉도, 독도의 당시 명칭 기재)

1905.01.28. 독도 편입을 위한 각의결정문 (가장 중요한 쟁점)

1905.05.27. 일본 함대, 쓰시마 해전을 위해 진해만 출항

1905.05.28. 쓰시마 해전 종결 (러일전쟁 사실상 종결)

1905.07.22. 독도 망루 건설 개시

1906.03.28. 심흥택의 반발

1941.??.??. 일본인 강치 사냥 중단

인용문 10만 보면 한일의정서는 일방적으로 한국만을 위한 조약으로 보인다. 그러나, 연표 2를 보면 그 직전에 러일전쟁이 발발해 있었다. 연표 2에 보이는 울릉도 망루 건설과 진해만 사용은 한일의정서에 의거한 것이며, 한일의정서는 사실상 러

일전쟁 수행을 위해 체결된 것이었다. 한국은 영토 사용을 허용함으로써 조약을 지켰다.

일본이 한일의정서에서 약속한 대로 한국 영토를 보전해 주자면, 우선 한국 영토가 어디 어디인지를 알아야 했다. 한국이 이미 독도를 점령했는지 여부에 관심을 가질 만한 근거는 수없이 많았고, 그 가장 쉬운 예는 연표 2에 보이는 신고호 행동일지였다. 그 일지는 다른 미국인 독도연구가 Steven Barber 씨의 사이트에 저장되어 있다. 앞서 링크 4에서 소개된 Mark Lovmo의 사이트와 함께, 독도 논쟁을 위해 빠뜨릴 수 없는 그의 사이트는 아래 링크에 있다.

링크 6: https://www.dokdo-takeshima.com/japans-takeshima-x-files-i.html

그 속에 울릉도와 독도의 이름이 나오는 부분은 아래 사진과 같은 모습을 하고 있다.

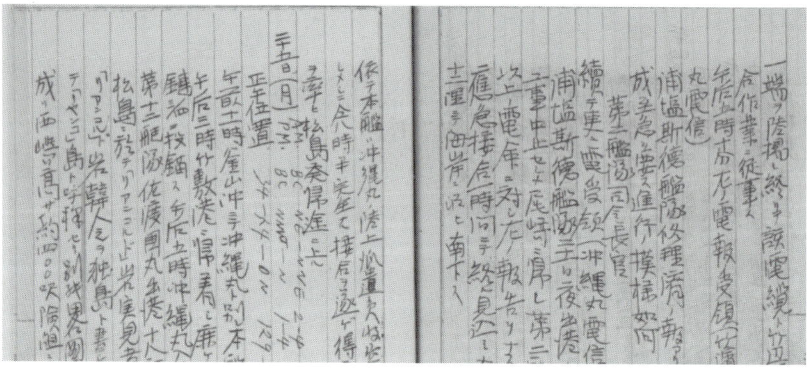

두 섬의 이름이 나오는 부분만을 현대 한국어로 쓰면 아래와 같다.

(인용문 11) 1904.09.25. 마츠시마(울릉도)에서 량코섬을 실지로 관찰한 사람에게서 들은 말에 의하면, 한국인은 그 섬 이름을 글로 쓸 때 "독도"라고 쓴다 함.

니이카타호(신고호) 선원들이 울릉도에 가서 한국인들이 그 섬의 이름을 글로 쓸 때 독도(獨島)라고 쓰고 있었다면, 입으로 부르는 한국식 이름도 있었을 것이다. 그러한 사실은 위 링크 5의 대하청원서를 제출한 나카이도 알고 있을 수밖에 없었다. 대하청원서는 니이카타호(신고호) 행동일지보다 불과 4일 뒤의 문서다. 그 선원들이 말하는 "그 섬을 실지로 관찰한 사람"이 바로 나카이 요자부로였을 수도 있다.

인용문 2와 인용문 3에서 보이는 바, 그 섬에 한국식 이름이 있고 없고가 중요한 항목으로 지적되어 있었다. 그렇다면, 독도라는 이름이 존재한다는 사실만으로도 인용문 4에서 처럼 "타국이 점령한 형적이 없더라" 하기는 곤란하다.

더구나 전술 인용문 5에 등장하는 "석도"는 지금까지도 지금의 독도였다는 느낌을 강력히 주고 있다. 만일 그것이 독도가 아니었다면, 일본은 그 사실을 단숨에 알아낼 수 있었고, 그렇게 했다면 인용문 4는 다르게 쓰였을 것이다. 예를 들면, "그 섬에 한국식 이름이 발견되어 한일의정서의 약속에 따라 한국에 조회한 바 한국으로부터 이를 점령한 적이 없다는 회신을 받았다" 따위로 적혔을 것이다.

당시 일본 정부는 그 간단한 절차를 이행하지 않고 "형적이 없다" 하고 덮어 버렸다. 그것은 부실한 주장이며 기만에 가까우므로, 그것 하나만으로도 문서 전체를 무효라고 보는 법적 견해도 나올 수 있다.

**불법행위를 은닉하는 허위 표명의 문제:** 나카이 요자부로가 어디에 거주했는지에 대하여 인용문 2와 인용문 4는 다른 이야기를 하고 있다. 그 둘이 상반된다는 문제가 전술 금반언의 문제를 강화했다. 이제는 그 둘 중 어느 것이 진실인지를 알아야 할 단계가 되었다. 다행히, 그 진실은 링크 6의 신고호 행동일지에 충실히 기록되어 있다. 그 부분의 한자와 (다소 잘못된) 영어번역문을 참조하여 현대 한국어로 옮겨 보면 다음과 같다.

(인용문 12) 항상 강풍이 불고 있었고, 강풍이 불면 어부들은 대저 울릉도로 피난했다. 울릉도로부터 바다를 건너와 강치를 사냥하는 사람들은 적재중량 60 내지

70석의 배를 사용했고, 그들이 울릉도로부터 바다를 건너와서 이 섬으로 상륙하여 막사를 짓고 10일 정도 체류했다고 한다.

이것을 보면, 인용문 2의 요점 4는 진실이고, 인용문 4의 요점 16은 거짓이다. 이 자리에서 그 둘을 바로 대비해 본다.

인용문 2 (일본해 속의 작은 섬들) 요점 4: 매년 여름 오키 제도 주민들은 울릉도를 근거지로 하여 주기적으로 그 암석군에 강치 사냥을 나갔고, 사냥 기간 동안 막사 를 지어 임시 숙소로 사용했다.

인용문 4 (일본의 1905 각의결정문) 요점 16: 나카이란 자가 그 섬에 이주하고 어업에 종사한 것

이 둘의 대비에서 가장 중요한 포인트는 울릉도를 사용했는가 사용하지 않았는가이다. 단순히 언어상 차이가 아니라, 필요에 따라 이랬다저랬다 한 것이다. 각의 결정문 작성 당시에는 울릉도를 언급하지 않아야만 "독도는 울릉도의 속도가 아닐까" 하는 의혹을 사전에 차단할 수 있었었다. 요점 16을 저렇게 말한 것은 울릉도를 언급하지 않기 위함이었다. 또, 당시 일본인의 울릉도 거주는 불법이었으므로, 불법 행위를 필수로 하는 독도 경영을 합법적 점령이라 하기는 무리였다. 요점 16은 명백한 허위주장이다.

이러한 이유로, 인용문 4의 입법은 무효일 수밖에 없다. 조금만 잘 하면 완전히 유효한 문서를 만들 수 있었는데 왜 그랬을까? 태정관지령의 문제는 "그 뒤 알고 보니 한국은 독도를 완전히 버렸더라" 하면 될 것이고, 한일의정서의 문제는 간단한 조회 절차만 밟으면 그 당시 힘없는 한국 정부는 아무 말 없이 독도를 내놓았을 것이다. 나카이의 행적에 대해 인용문 12에 부합하도록 문안을 작성해도 한국에는 그런 것을 따질 사람이 없었다. 이런 일을 보면, 일본 정부에게 과연 독도를 편입하려는 의지는 있었는가 하는 의심이 일어난다.

## 1905 각의결정문의 문제 3. 영유 의지의 부재

일본 정부에게 독도 영유의 의지가 있었는가 하는 의문에 대한 답을 구하자면, 당시 독도편입문서를 만들지 않았다면 어떤 문제가 예측되었는가를 알아볼 필요가 있다. 이것은 역사적으로 실지로 일어난 일에 관한 것이 아니라 1905년 1월 일본 앞에 놓여 있던 미래에 관한 이야기다.

그때 일본은, 러일전쟁의 승부 예측에 따라 독도에 관하여 다른 생각을 할 수 있었다.

러일전쟁에서 승리한다면, 일본은 곧 한국 전체를 소유하게 되어 있었다. 왜냐하면 러일전쟁의 목적이 한국 지배였기 때문이다. 전쟁에서 승리한다면, 독도 편입이란 것은 아무런 의미도 없었다.

러일전쟁에서 패배한다면, 일본은 독도의 영유권을 두고 러시아와 바로 대립하게 될 형편이었다. 러시아와 대항한다면, 일본은 태정관지령을 생각해 두지 않을 수 없었다. 러시아는 중국이나 한국에 비해 동양 언어를 알기 힘들기 때문에, 언어 조작으로 어떻게 해 두면 태정관지령은 피해 갈 수도 있을 일이었다. 여기에서, 타케시마라 하는 이상한 독도 이름의 실마리가 발견된다.

러일전쟁에서 패배한다면, 한국 전체를 차지한 러시아가 울릉도를 접수하면서 독도를 포기할 리는 없었다. 전쟁의 패배는 영토의 양보를 의미했고, 그것은 논리의 문제가 아니라 힘의 문제다. 그러므로, 태정관지령을 적당히 덮어 두는 것은 전후 러시아에 대하여 체면을 지킬 수 있을 뿐 실지로 독도를 가지게 될 일은 없었다. 러시아 쪽에서도 독도를 입수하면서 굳이 편입문서의 내용을 문제 삼을 동기가 없었다.

그렇다면, 남은 고려사항은 독도편입 절차가 전쟁의 승리를 위해 필요할까 하는 점이었다. 망루나 해저전선 같은 군사적 시설을 위해서라면, 이미 한일의정서가 있으므로 독도편입 같은 것은 필요하지 않았다.

독도편입으로 이득을 볼 것은 강치의 기름이었으며, 그 기름을 안정적으로 확보하기 위해서는 나카이 같은 책임자기 필요했다. 즉, 독도편입은 나카이의 독점권을 만들어 주는 데만 필요했고, 문서행위는 딱 거기까지 가는 데 필요한 만큼만 하면 되는 것이었다. 독도를 영유할 필요는 전혀 없었고, 따라서 지금까지의 분석에서 일본 정부의 독도 영유 의지는 전혀 보이지 않는다.

인용문 4의 품질은 영유 의지 없는 국가의 문서행위 수준이며, 1941년 강치 사냥의 마감과 동시에 무용지물이 된 독도편입문서가 나타난 것은 1949년 11월에 갑자기 끓어오른 욕심 때문이었다.

## 1949년 11월 2일로의 회귀

샌프란시스코 조약의 형성 과정에서, 1949년 11월 2일까지 독도는 지속적으로 한국령으로 기록되고 있었다. 독도라는 이름은 알려지지 않은 채, 독도는 서양식 이름 리앙쿠르 암석군(Liancourt Rocks)과 일본식 이름 타케시마(Takeshima)로만 인식되어 있었다. 인용문 1이 제기되고 나서 지금까지 70여 년의 세월 동안 수 많은 논자를 괴롭혀 왔지만, 근거가 되는 인용문 4에는 앞과 같은 치명적인 문제들이 발견되어 결국 아무 것도 아닌 것이라 할 수밖에 없다.

여기서 마지막으로 남는 의문은, 일본이 인용문 2를 제출한 이후에도 계속 연합국이 한국에 아무런 문헌적 근거도 없는 독도를 한국령으로 인식한 이유는 무엇인가 하는 것이다.

그것은 일본인은 독도를 경제적으로 사용하지 않는 반면 울릉도인은 독도를 경제적으로 사용하고 있었다는 사실이다. 그 증거로 지금까지 남아 있는 가장 뚜렷한 기록은 1948년 6월 8일의 독도 참사다. 인용문 2는 울릉도인이 독도를 계속 사용하고 있다는 사실만큼 중요하지 않았다.

해방 이후 울릉도 사람들은 독도를 사용하고 오키섬 사람들은 독도를 사용하지 않은 데는 충분한 이유가 있었다. 그것은 시각적 거리 차이다. 눈높이 2미터의 조각배를 탄 사람이 독도와 울릉도를 동시에 볼 수 있는 해역은 약 5,000평방 킬로미터로 계산된다. 그것은, 독도를 향해 출발한 사람이 독도를 보기 시작했을 때 뒤를 돌아보면 아직도 울릉도가 보인다는 이야기다. 그런 상태에서는 평범한 어부도 울릉도에서 독도까지 왔다 갔다 할 수 있다. 한편, 일본의 오키섬 사람들이 눈높이 2미터의 배를 다고 독도로 향했을 때는 독도와 오키섬을 동시에 볼 수 있는 해역은 존재하지 않는다. 뱃사람의 눈높이를 4미터로 올려 봐도 마찬가지다. 이러한 차이가 생기는 것은 평면적 거리 차이만이 아니라 시각적 거리 차이도 있기 때문이다. 울릉도의 키가 오미섬의 키보다 월등히 높기 때문에 이러한 차이가 생겨난다.

그러한 사정은 인용문 2의 요점 4에도 나타난다. 독도 경영은 울릉도가 없는 한 불가능한 일이며, 일본인이 독도에 강치 사냥을 할 수 있었던 것은 울릉도에 근거지를 가지고 있었기 때문이다. 그러므로, 일본이 울릉도를 영유하지 않는 한 독도를 영유할 수 없는 것이다. 이 글에 보이는 길고 복잡한 논증의 숲을 충실히 거쳐서 이 평범한 결론에 도착했을 때, 독도 논쟁은 끝난다.

## 단편적 쟁점들

논쟁에 임하기 전에는 반드시 두 가지를 염두에 두어야 한다. 첫째, 이기는 것보다 진실을 찾아내는 것이 더 중요하다. 둘째, 모든 쟁점에서 이기려 하면 핵심 쟁점에서 약하게 된다. 독도 논쟁의 양측 논자들은 모든 쟁점에서 이기려는 경향을 보이고 있고, 쟁점과 쟁점을 연결시키지 못하여 이길 수 있는 쟁점에서 지거나 이길 수 있는 핵심 쟁점을 놓치고 있다.

일본 측이 이 논쟁에서 이기는 방법은, 한국 측 논자들로 하여금 모든 논쟁에서 모든 힘을 다 쏟아서 자가당착에 빠지게 만드는 것이다. 아래 링크에는 그 유명한 "타메시마 문제에 관한 10개의 포인트"가 저장되어 있다.

링크 5: https://www.kr.emb-japan.go.jp/territory/takeshima/pdfs/takeshima_point.pdf

그중 하나, 포인트 6만이 주요 쟁점이다. 일본은 다른 모든 쟁점에서 패배해도 6번 하나만 이기면 전체 논쟁에서 이기며, 그것은 그 하나가 온전할 때 앞의 인용문 1이 생명을 얻기 때문이다. 이 글의 요지는 그 하나의 생명을 없애 버리는 것이었다.

이 글의 체계가 무너지면 일본이 포인트 6에서 이기게 된다. 이 글의 체계를 보존하면서 주요 쟁점들을 다루는 방법은 다음과 같다.

**17세기 일본의 독도 경영:** 이것은 인용문 8 (태정관지령) 속 요점 18에서 끝나고, 태정관지령 자체는 그것을 재확인했다. 영유권이 단절되면, 국제법은 단절된 그 이전의 영유권에는 가치를 부여하지 않는다. 이 법리를 잘 담고 있는 판례로는 2008년의 페드라 브랑카(Pedra Branca) 판례를 들 수 있다. 또, 17세기의 일본 정부가 한 일은 독도 영유 의지를 표명한 것이 아니라 민간의 타국 영토 침범을 금지한 것이다.

**우산도:** 한국은 우산도를 완전히 버려야 한다. 일본의 주장이 전적으로 옳다. 일본은 "독도가 우산도였다면 왜 대한제국 칙령에는 우산도라 하지 않고 석도로 했던가"하고 묻고 있다. 우산도를 주장하면 석도를 잃는다. 그 위에, 1882년 왕명으로 울릉도를 탐사한 이규원은 "탐라도는 제주도, 울릉도는 우산도"라는 지극히 평이한 논리를 펴서 우산도는 없다는 결론을 내렸다. 한국의 우산도 주장은 거기서 완전히 끝났다. 한국 문헌에 "우산도는 왜인이 말하는 송도다" 하는 말이 나오지만, 일본이 말하는 송도(마츠시마)가 구체적으로 어디인지 한국의 문헌 작성자들은 몰랐다. 그것은 문서에서 문서로만 전달된 표현이며, 현물의 확인이 없었다.

**석도에 관한 언어학적 문제:** 최남선의 본의가 의심되는 잘못된 언어학적 해설 때문에 일본 측은 한국 측의 언어학적 주장을 전혀 이해하지 못하고, 이대로는 영원히 이해하지 못할 것이다. 최남선 왈, 독도의 본명은 독섬이며, 그 뜻을 따라 석도라 했고 그 음을 따라 독도라 했다. 그러나, 그 당시 한국인의 언어습관은 전혀 달랐다. 순한국어 단어의 음을 따라 한자로 표기하는 경우는 그 말뜻을 모를 경우 뿐이었다. 독섬을 "돌로 된 섬"이라 이해하는 사람은 '석도'로 쓸 것이요 독섬을 "홀로 있는 섬"으로 이해한 사람은 '독도'로 쓸 것이다. 이렇게 쓰나 저렇게 쓰나, 그 본명 독섬을 아는 사람은 모두 독섬이라 읽었다. 본명을 모르는 사람은 보이는 한자 그대로 읽을 것이다. 독섬이냐 독도냐 석도냐 하는 것은 한 개의 섬을 다르게 부르거나 기록하는 방법이며, 그것들은 모두 같은 말이다. 석도가 독섬으로 변하고 그것이 다시 독도로 변하는 것 같은 그런 것이 전혀 아니다.

**안용복:** 안용복의 공은 울릉도를 확보한 점이며, 안용복이 독도에 이름을 붙여준 적이 없다. 안용복이 말한 '자산도'가 어디인지에 대해서 논란이 있지만, 독도가 아닌 것만은 틀림없다.

**신라장수 이사부, 세종실록 지리지, 팔도총도:** 울릉도가 한국령이었음을 증명할 뿐이다. 거기에서 주장을 멈추어야 한다. 그러지 않으면 우산도에 빠져서 길을 잃는다.

**심흥택의 반발:** 필요할 경우, 이 사건은 헤이그 밀사 파견과 연결시킬 필요가 있다. 심흥택의 반발을 완전히 하기 위해 한국은 먼저 주권을 회복해야 했으므로, 심흥택의 반발이 당시 한국 정부의 공식 반발로 이어지지 않았다고 해서 한국이 일본의 독도 편입에 침묵했다 할 수 없다.

**국제사법재판소:** 일본은 한국이 국제사법재판소에 가지 않는다고 비난하지만, 한국은 정보의 비대칭 문제로 대응하면 된다. 재판에 임하자면 정보가 공평해야 하는데, 독도 논쟁에서 중요한 역할을 하는 태정관지령, 대한제국 칙령 41호, 심흥택의 반발 등은 독도 논쟁 발생에서 오랜 세월 뒤에야 발견되었다. 이러한 정보 발굴의 문제는 근본적으로 일본이 40년 동안 한일관계의 모든 문서를 지배했기 때문에 발생한 것이다. 한국은 적어도 석도에 관한 확증을 얻기 전까지는 재판에 임할 수 없다. 그러나, 강제로 재판에 임해야 하는 경우에는 그 글의 체계를 가지고 가면 된다.

**이승만의 강제점령:** 샌프란시스코 조약에서 독도의 귀속이 확정되지 않았고, 한국은 그 조약에 서명하지 않았고, 독도는 이미 울릉도인들이 사용하고 있었다. 누구든 점령해야 할 섬인데, 이미 점령하고 있던 한국이 점령하는 것이 타당했다. 한국의 점령 상태를 가장 잘 증명하는 사건은 독도 참사다. 거기서 사람들이 죽었는데 물러난다는 것은 전쟁에서 패퇴하는 것이나 같다.

**실효적 지배:** 한국은 지배의 계속만 가지고는 영유권을 확보할 수 없다. 영유권의 요건 중 "평화적 지배"라는 말은 경합이 없어야 한다는 뜻이다. 영유권을 확보하려면 일본으로 하여금 주장을 멈추게 해야 한다. 그러자면 논쟁에 힘써야 한다.

**한국의 섬 3,000개 이론:** 샌프란시스코 조약에 한국의 섬 3,000개가 언급되지 않아도 한국령이듯이 독도가 언급되지 않아도 한국령이라는 소견이 있다. 이것은 인용문 2의 의미를 모르는 데서 오는 착각이다. 샌프란시스코 조약에서는 독도의 영유권을 어느 국가에도 주지 않았다.

**스카핀 677호:** 그 자체의 해석을 두고는 일본의 소견이 맞다. 그것은 조약의 5차 초안까지 독도를 한국령으로 인식하도록 만든 최초의 연합국 문서라는 점에서 중요하다. 독도에서 한국인의 경제활동 또는 그 가능성을 보았기에 그런 문서가 작성된 것이다.

**국력론**: 영토분쟁은 국력에 의해 결정된다는 설이 있으나, 그것은 전쟁을 연상하는 주장이다. 양국이 모두 유엔에 가입한 상태에서 전쟁을 연상하는 것은 현실성이 없고, 구체적으로는 성토와 홍보활동으로 이어진다. 성토와 홍보는 논쟁의 회피이며, 논쟁의 회피는 패배의 자인(自認)이다. 독도문제에 관하여 타국이 도울 수는 없다. 한국이 직접 일본을 상대하여 논쟁에 임해야만 이 논쟁은 끝난다.

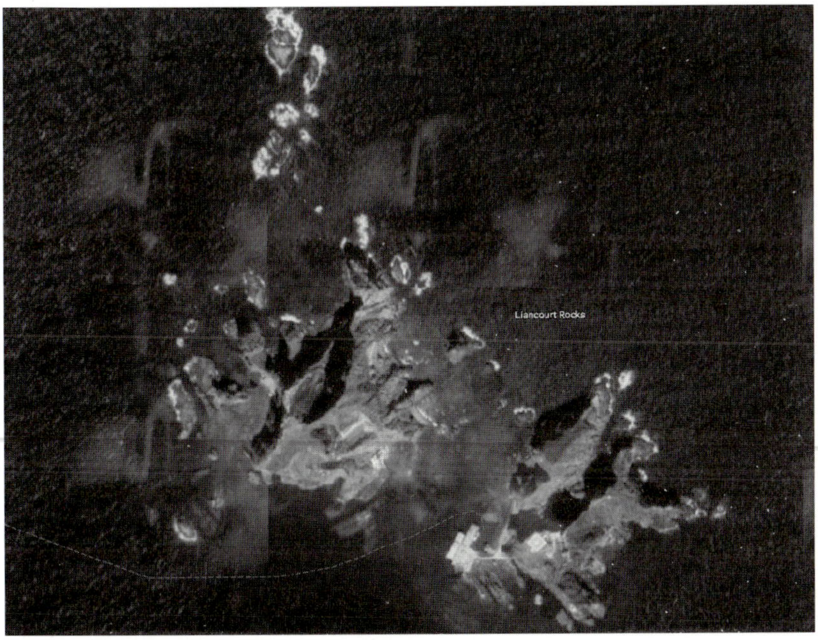


출처: Google

## 2. 영혼은 존재하는가?

**과　　목** **비평적 사고와 논리**
**담당교수** ooo교수님
**학　　과** ooo
**학　　반** oo
**학　　번** ooooooo
**이　　름** **류다혜**
**제 출 일** oooooooo

영혼이 존재하는가에 관한 질문의 논쟁은 아주 오래전부터 있었다. 영혼이란 정신과 구별되는 일종의 생명의 원리이다. 문화와 종교에 따라 사용하는 의미가 다르다. 또한, 여러 철학자도 영혼을 다양하게 정의하고 있다. 즉, 영혼 존재의 유무에 따라 심신 일원론과 심신 이원론으로 나뉜다.

영혼이 존재한다는 주장은 심신 이원론이다. 영혼, 즉 마음과 육체는 각각 독립되어 있으며 상호작용한다는 이론이다. 대표적인 학자로는 플라톤, 라이프니츠, 그리고 데카르트 등이 있다. 그중 데카르트는 '나는 생각한다. 고로 존재한다.'라는 명언을 남겼다. 이는 인간 이해에 있어서 자연과학적인 측면을 강조하는 유기체론에서 나온 것이다. 반대로 영혼이 존재하지 않는다는 주장은 심신 일원론이다. 심신 일원론은 마음과 몸은 서로 분리된 것이 아니고 상호 연관되어 있다고 본다. 그래서 마음, 즉 정신은 신체 기관을 움직이고 또 반대로 신체 기관은 여러 가지 감각 정보를 뇌에 전달해서 서로 유기적으로 기능한다는 것이다. 대표적인 학자는 아리스토텔레스, 스피노자 등이 있다.

하지만 나는 영혼이 존재한다고 생각한다.

첫 번째 이유는 사람들은 과학적으로 설명할 수 없는 현상들을 경험하기 때문이다. 그 사례로 임사체험(NDE, Near Death Experience)이 있다. 1975년 한 권의 책이 히트되었는데 미국 버지니아 대학에서 철학과 의학을 전공한 레이몬드 무디 박사가 죽었다 살아난 150명과 이야기를 나누고 50명의 대표적 사례를 묶어 출판한 책이다. 이 책에서 'NDE'라는 단어가 처음 쓰였고 이후 임사체험에 관한 연구가 조금씩 진행되었다. 이후 2001년 국제의학학술지에 심장마비에서 살아난 사람의 임사체험이라는 제목으로 논문이 기고되었다. 레이디몬드 무디는 임사체험을 경험한 사람을 찾아가 이야기를 들었지만, 이 논문에서는 네덜란드 내 10개의 병원에서 심정지 환자 중 소생술로 되살아난 344명을 시술 후 바로 그리고 지속해서 조사하였다. 결과적으로 이 중 18%인 62명이 임사체험에 대한 기억이 있었다.

이러한 연구들이 지속함에 따라 과학계에서는 설명할 수 없는 어떠한 현상들이 존재한다는 것을 인정한다. 이것은 과학자들이 과학의 한계가 있다는 것을 인정한 것이라고 할 수 있다. 임사체험에 대한 연구는 현재 과학으로는 풀어낼 수 없지만 지금 과학은 단지 육체 내에 전기 신호나 생명이 아닌 무언가가 있다고 선언한다.

두 번째 이유는 유체이탈(OBE, Out of Body Experience)을 경험하는 사람이 있기 때문이다. 유체이탈이란 사람이 육체 밖의 세상을 인지하는 경험이다. 이는 인간의 정신적 외상, 지각 상실, 임사체험, 분열성 환각성 약물, 탈수, 수면, 뇌의 전기적 자극 등에 의해 유도될 수 있다. 의도적으로 유도하는 것도 가능하다. 고대부터 유체이탈에 관한 이야기가 많다. 티벳 불교, 노자의 도덕경, 이슬람의 수피주의, 이집트 피라미드 등 종교들의 역사, 문학작품, 고대의 철학, 고대 건축물이 가리키는 것과 지키려는 것, 이행하려는 것 사이사이에는 유체이탈이 존재한다.

우리가 어릴 때 배운 질량 보존의 법칙에 따르면 물이 기체로 변해서 수증기로 빠져나가면 컵 속의 물은 그 수증기만큼 물이 준다. 이를 적용하여 약 1세기 전 의사인 던컨 맥도벌은 사람이 죽은 후에 영혼이 빠져나가면 그 무게만큼 몸무게가 줄어드는지에 대해 실험을 하였다. 실험 결과 21g이 줄었다고 발표했으며 21g이 영혼의 무게하고 하였다.

영혼의 존재에 대한 증명 실험은 과거에만 있었던 게 아니고 현재에도 계속 이뤄지고 있다. 그 사례로 스토니브룩 의대 응급의학과 교수인 샘 파니아가 2008년 응급실 높은 곳에 그림이나 사진을 숨겨 두고 환자들이 유체이탈을 경험하여 사진 목격이 가능한지에 대한 실험을 시행하였다. 죽음을 체험했다는 임사체험자들 중 100명이나 200명이 공통으로 자신의 영혼이 공중으로 떠올라 자신의 몸을 내려 보았다는 유체이탈을 주장하였다.

유체이탈 경험의 조건은 자신의 몸에서 분리된 느낌과 자신의 몸을 바라본 경험, 위쪽에서 내려다 본 경험이 충족되어야 한다. 그들이 보았던 것은 응급 상태에서 일어난 환각일 수도 있다. 하지만 천장 바로 밑에 있는 특정한 그림을 보고 정확히 기억하는 사람이 있었다는 결과가 나왔다.

또한, 국제적으로 임사체험 연구로 유명한 미국 방사선 종양학과 전문의인 제프리롱 박사가 근 20년간 과학적인 방법으로 세계 여러 곳의 유체이탈 사례들을 체험자들에게서 신청받으며 모아 놓은 사이트가 있다. (http://www.oberf.org/)

세 번째 이유는 전생을 기억하는 사람이 있기 때문이다. 이안 스티븐슨은 캐나다 출생의 미국 버지니아대 의대 교수로 재직했던 미국 정신과 의사이다. 이 박사는 영혼불멸설을 과학적으로 입증한 것으로 유명하다. 그는 환생에 관해서 연구했으며 전생의 기억이 있는 사람들을 조사했다. 40년 동안 전 세계에서 전생의 기억이 있다는 3,000명의 아이들을 조사하였다.

전생을 기억하는 사례로 조이 남아프리카공화국에 버웨이라는 이름을 가진 소녀는 3살이 되던 해, 부모님에게 과거 10번의 전생을 살았고 모두 기억한다는 충격적

인 발언을 했다. 어린아이의 말장난으로 넘기기에는 조이의 말은 상세했으며 구체적이었기에 교수들에게 자문을 요청했다. 조이는 자신의 첫 번째 삶은 동굴에서 살았다고 주장했다. 조이는 공룡에 쫓기는 장면을 생생하게 묘사했으며, 돌과 동물 뼈로 만든 기구를 사용했다고 밝혔다. 조이의 기억을 토대로 실제 조사를 진행한 결과 고고학자들은 정확히 그녀가 말한 남아프리카공화국 지역에서 인류 거주 흔적이 있는 동굴 더미를 발견한 것으로 알려졌다. 조이는 그곳에 한 번도 방문한 적이 없었다고 한다.

그녀는 자신의 두 번째 삶을 노예였다고 밝혔다. 조이는 배에서 생활하는 노예들의 일상생활을 모두 정확하게 서술했다. 또한, 고대 시대 노예들이 주로 했던 도로 포장 방법까지 상세하기 숙지하고 있었다. 이 밖에도 1900년대 남아프리카공화국 폴 크루거의 손녀딸로 태어난 기억도 가지고 있다고 밝혔다. 그녀는 성인이 된 후 남편 두 명을 만났으며 10명의 아이를 낳았다고 말했다. 조사 결과 그녀가 말한 남편과 아이들의 이름은 모두 실존 인물이었다. 심지어 10명의 아이 중 한 명은 현재 90세 나이로 생존해 있었다. 조이와 90세 노인은 만남을 가졌고 90세 할머니가 과거에 대해서 말했다. 조이는 그녀의 엄마만이 알 수 있는 세세한 과거 사실을 모두 설명하였다고 한다.

한 소녀가 기억하는 전생은 현재까지 100% 사실인지는 밝혀지지 않았다. 하지만 소녀의 주장을 거짓이라고 하기에는 분명 너무 많은 증거가 존재했다. 조이를 만났던 교수조차 "전생에 대한 묘사가 너무나 상세하다"라고 말하였다. 이렇게 전생을 기억한다는 것으로 혼과 육체가 분리되어 있다는 심신 이원론의 근거가 될 수 있다.

영혼이 존재하지 않는다고 주장하는 사람들도 존재한다. 실제로 우리는 의식이 뇌와 관계를 맺고 있다는 것을 알고 있다. 그러나 물활론에 따르면 영혼은 물질의

한 속성에 불과한 것으로 인간의 뇌에서 일어나는 작용에 의하여 생긴 제반 정신 활동에 지나지 않는다고 한다. 그러므로 육체를 떠나 자유롭게 활동하는 영혼의 존재를 인정하지 않는다.

또한, 1996년 복제 양 돌리가 탄생된 후 소, 말, 돼지, 고양이, 원숭이, 개 등에 이어서 마침내 사람의 세포도 복제되기 시작하면서 복제된 아기의 영혼 유무에 대한 논란이 끊이질 않고 있다. 이러한 복제기술이 축적되면서 이론적으로 우리는 우리 몸의 모든 세포를 이용하여 60조 명의 사람들을 복제해 낼 수 있음을 알게 되었다. 가령 60조 개의 세포들로부터 60조 명의 사람들을 복제했다고 가정했을 때, 그 모든 사람의 영혼은 언제 어디에서 오는가를 묻는다면 기존 종교적 교리로는 답변이 막막할 수밖에 없다. 남녀 간의 결합으로 아기가 태어나는 경우, 정자와 난자가 만나 수태되었을 때 영혼이 스며든다고 하면 아무 문제가 없다. 그러나 복제는 처음부터 완전한 하나의 세포로부터 출발하기 때문에, 영혼이 원래부터 세포 속에 있었다고 말하지 않는 한 달리 설명할 방법이 없기 때문이다.

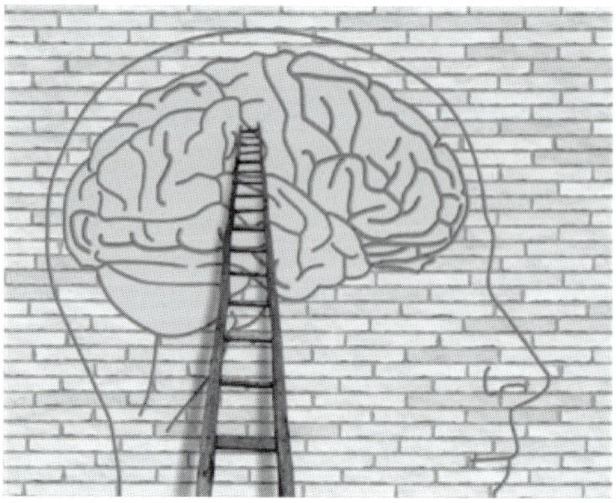

그렇지 않다면, 세포가 2개로 분열되었을 때라든가, 아니면 4개로 분열되었을 때라든가, 어느 시점을 정해야 하는데, 그런 시점을 정할 기준이 마땅치 않다. 원래부터 세포 속에 영혼이 있었다면, 나의 몸을 이루고 있는 60조 개의 세포 속에는 모두 영혼이 들어 있다는 의미가 된다. 60조 개의 세포 속에 각각 들어 있고 세포가 복제될 때 하나의 생명으로 활성화하는 것이 있다면 그것은 영혼이 아니라 바로 DNA이다. 생명은 DNA 속의 유전정보에 따라 복제되고 활성화된다. 과거의 사람들은 이 DNA에 관해 전혀 몰랐기 때문에 그것을 영혼으로 불렀다.

하지만 사례로 보나 역사적으로 보나 영혼이 존재한다는 증거들은 무수히 많다. 과학은 물질적인 한계 때문에 영혼을 인정하지 못하는 것이다. 즉, 우리가 이러한 증거들 사이에서 보고 싶은 것만 보고 듣고 싶은 것만 듣는다.

나는 과학을 정말 좋아한다. 하지만 과학이 만들어 놓은 '물질'이라는 경계 때문에 많은 것들을 인정하지 못하는 경우가 많다. 에너지 법칙에 따르면 인간의 생명력이 떨어지며 육체는 변하고 자연으로 돌아간다. 인간의 육체였던 세포들은 분해되지만 원자가 분해되는 것은 아니다.

영혼의 근본 원리는 영혼이 어디서 왔느냐 하는 것이다. 혹자는 출생과 동시에 영혼이 생성되었다고 주장한다. 그 말이 옳다면 육신이 소멸할 때 영혼도 함께 없어져야 한다. 그러나 심장이 뛰지 않고 뇌에 전기적 반응이 없어도 존재하고 그 상태로 무언가를 경험하는 인간의 의식은 분해되지 않고 소멸하지 않는다. 즉, 육신이 죽더라도 영혼은 살아 있다는 것이다. 영혼의 세계도 마찬가지이며 그렇기에 사후세계가 존재한다고 생각한다.

예수 그리스, 석가모니, 공자, 고자, 무하마드 등 고대 많은 사람이 같은 것을 알고 있었으며 같은 것들을 다른 언어로 말했고 다른 방법으로 표현했다. 고대 그리스인들은 송과선이 '생각의 영영'으로의 연결고리라고 믿었다. 불교도들은 이것이 영적 각성의 상징으로 알고 있고, 힌두교에서는 송과선 직관력과 투시력의 자리인 제3의 눈과 연결된다고 알고 있다. 예수는 눈은 몸의 등불이어서 눈이 밝아지면서 전신이 빛으로 가득하게 될 것이라고 주장하였다. 데카르트의 주장이 맞는다면 송과선은 정말로 인간의 영혼이 머무르는 자리이다. 그러면 이러한 전통은 정확하고 송과선이 물리적 세계와 영적 세계를 이어 주는 연결고리로써 작용한다고 여겨진다.

이렇게 무수히 많은 영혼의 존재에 관한 증거들과 사후세계를 잠시 경험한 사람들의 증언이 영혼의 존재에 뒷받침해 준다고 생각한다. 그러므로 나는 영혼이 존재한다고 생각한다.

# [참고문헌]

〈도서〉

변은경, 박민희, 이수정, 이춘이, 최숙희, 최정임(2020). **인간심리와 친해지기.** 경기: 청운.

Bergson, H. (2019). **정신적 에너지.** [Energie spirituelle] (엄태연 역). 서울: 그린비(원저출판: 1919).

〈인터넷 자료〉

귀신, 신, 영혼은 존재하지 않는다!(전연식 글) | 작성자 불신천국.

뇌와 정신 사이의 관계: 영혼불멸에 대하여(『정신적 에너지』 2장, 3장에서 발췌 ('물질과 기억'의 일부를 해설한 내용)| 작성자 수리부엉이.

영혼의 존재를 밝히는 과학적 실험 | 작성자 복숭아.

네이버 지색백과(나무위키). 영혼.

네이버 지식백과(두산백과). 영혼.

네이버 지식백과(위키백과). 영혼.

네이버 지식백과(원불교대사전). 영혼.

〈홈페이지〉

https://blog.naver.com/marmion0/221050101190

https://blog.naver.com/pressfree/221883891096

https://blog.naver.com/skepticmgz/221417053712

https://blog.naver.com/slouu/221837756981

https://m.post.naver.com/

## 3. 동물실험, 윤리적으로 시행할 수 있는 것인가?

과　　목: 비평적 사고와 논리
담당교수: ooo교수님
학　　과: oooo
학　　번: ooooooooo
이　　름: 조정민
제 출 일: oooooooo

나는 동물을 이용한 독성실험은 불가피하지만 지양해야 한다고 생각한다. 동물실험은 교육, 연구, 생물학적 제제 등의 과학적인 목적 달성을 위하여 과학적 실험이 필요할 경우, 사람 대신 동물에게 실시하는 실험을 말한다. 동물을 실험에 사용하는 목적은 다양하지만 크게 4가지로 나누어 볼 수 있다. 첫째, 의학실험, 둘째, 제품실험, 셋째, 심리학실험, 넷째, 군사실험이다(한국동물보호연합, 2008.03.20.). 즉, 인류의 발전을 위해 개발되었지만 정확한 인증이 되지 않은 약물, 화장품류, 제품 등을 동물로 실험하고 안정성을 인증하거나 어떠한 현상에 대한 연구를 동물을 통해 실험하는 행위이다.

동물실험은 질병 치료와 같은 중대한 결과물을 얻기 위한 시간과 비용 면에서 의약품의 안전성을 확인할 수 있는 방법이기에 어쩌면 동물들의 희생이 불가피할 수 있다. 성공적인 동물실험을 통해 몇 배 이상 인간의 생명을 구하기도 하고, 수많은 인간의 생활을 윤택하게 바꿔 주기도 하기 때문이다.

동물실험윤리위원회에 따르면 동물실험에 사용된 동물의 수는 약 373만 마리이다. 종류별 비율을 보면 설치류(마우스, 랫트, 기니피그, 햄스터 등)가 86.9%로 가장 많이 사용되었으며, 그다음으로 어류, 닭 등 조류, 토끼 순으로 나타났고 그 외에도 개, 고양이, 원숭이 등 다양한 동물을 실험군으로서 사용하고 있다고 한다.

그렇다면 실험에 사용되는 다양하고 수많은 동물들은 과연 어느 정도의 스트레스를 받을까? 10건 중 무려 7~8건은 동물에게 심한 고통과 스트레스를 주는 'E'등급으로 나타났다고 한다(경향비즈, 2020.06.15.).

*** 고통의 분류등급 기준**
- **고통등급 A**: 생물개체를 이용하지 아니하거나 세균, 원충 및 무척추동물을 사용한 실험, 교육, 연구, 수술 또는 시험(위원회 승인 불필요)
- **고통등급 B-E**(척추동물을 사용하는 교육 또는 연구)
- **고통등급 B**: 거의 스트레스를 주지 않음
- **고통등급 C**: 단시간의 경미한 통증 또는 스트레스가 가해짐
- **고통등급 D**: 중등도 이상의 고통이나 억압을 동반함
- **고통등급 E**: 극심한 고통이나 억압 또는 회피할 수 없는 스트레스를 동반
(※ 마취제/진통제/진정제의 사용이 실험에 부정적인 영향을 미칠 경우)

**그림 3-1** **동물실험 중 고통의 분류등급 기준**

출처: 데일리벳(2020.06.18.).

즉 70% 이상이 단순한 관찰 혹은 단 한 번의 혈액 채취 등의 간단한 실험에 쓰이는 것이 아니라 극심한 고통에 시달리는 실험에 쓰이고 있다는 것이다. 그렇기에 동물실험은 단순히 인간의 이익을 위해 동물을 인간보다 조금 덜 소중한 생명이라 여기고 희생을 강요하는 것은 비윤리적인 행동이며, 쓸데없고 불필요하며 잘못되어진 동물실험이 시행되고 있기에 동물실험에 반대하는 입장이 늘어나고 있다. 나 또한 인간에게 과학적 실험은 불가피하지만 상당히 비윤리적인 동물실험이 시행되고 있다고 생각하며, 동물보호협회의 반대 운동, 화장품 기업의 동물실험 지양 등 동물실험을 반대하는 목소리가 커지고 있다고 생각한다.

동물실험에 대한 사람들의 관심이 높아지고 적극적인 반대 운동 덕분에 2019년에는 2010년 이후 처음으로 실험동물 수가 감소하였다.

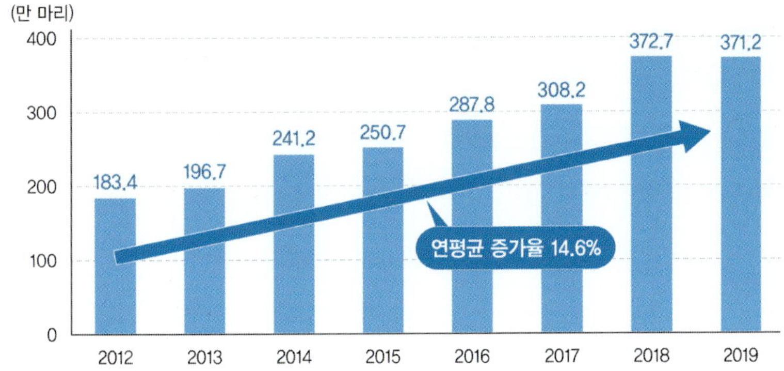


**그림 3-2 최근 8년간 국내 연간 실험동물 사용 수**

출처: 데일리벳(2020.06.18.).

처음으로 실험동물의 수가 소폭 감소하는 결과를 보였지만 여전히 371만 마리라는 상당히 많은 수의 동물들이 실험으로 활용되어 고통을 겪고 있다. 또한 국공립기관에서 전년 대비 17만 마리 이상 실험동물을 적게 사용했지만, 대학, 의료기관, 일반기업체에서의 실험동물 사용 숫자는 증가하였다.

동물실험을 적극 줄여야 하는 가장 큰 이유는 우선 앞에서 계속 주장했듯 비윤리적인 행위이기 때문이다. 쓸데없고 불필요하며 잘못되어진 동물실험이 시행되어 왔고, 현재까지도 무분별하게 시행되고 있다. 예를 들어, 과거 동물을 이용한 흡연실험에서 흡연과 폐암의 상관관계를 입증하는 데 실패했다는 이유로 인간의 흡연과 폐암의 상관관계 역시 없다며 흡연에 대한 경고를 늦췄고 폐암으로 많은 사람들이 사망한 사실이 있다. 이는 사실 정치적이고 경제적인 목적에 따른 불필요한 동물실험이었다. 또한 위스콘신 대학교의 연구자는 실명으로 인한 신경세포 변화 여부를 확인하기 위해 고양이 새끼 14마리를 눈을 뜨기 전에 꿰맨 후 뇌세포를 검사하는 실험도 행하였다. 그 외에도 동물의 손가락을 절단한 후 지각 변화를 확인하기도 했으며, '학습된 무기력증'이라는 현상을 설명하기 위해 개 40마리에게 수백 번의 강한 전기 충격을 가하는 등 불필요하며, 잘못되어졌으며, 도덕적으로 어긋나는 실험을 시행하여 셀 수 없는 생명들에게 고통을 주어 왔다(한국동물보호연합, 2008.03.20.).

두 번째로 동물뿐만 아니라 인간에게도 문제를 일으킬 수 있기 때문이다. 우선 실험동물 관리자나 취급자의 바이러스 감염의 우려가 있을 수 있다. 앞서 말했듯 대부분 실험동물의 종류는 설치류이다. 설치류에게서 발생할 수 있는 바이러스인 '한타 바이러스'는 인간에게 매우 치명적이다. 또한 다른 동물들 역시 인간에게는 매우 치명적인 바이러스를 보균하고 퍼트릴 위험성이 있다. 그렇기에 실험동물들을 관리하고 취급하는 사람들에게 바이러스가 전파될 위험성이 있으며 이에 대한 연구도 여전히 진행 중이다.

또한 동물실험으로 안정성이 확인되었다고 해서 인간에게도 똑같이 안전하다는 보장이 없다. 인간과 동물은 유전자 구조부터 다르기에 비록 실험동물에게 아무런 부작용이 나타나지 않고 만족스러운 결과를 얻었다 할지라도 인간에게 적용시켰을 시 생각지도 못한 큰 부작용이 일어날 수도 있다.

그럼에도 불구하고 동물실험이 시행되고 있는 이유는 동물실험이 오랜 시간 인간에게 너무나도 큰 도움이 되었고 이러한 정확도와 신뢰도에 버금가는 대안책 역시 불안전하기 때문이다.

이렇듯 과학실험은 어쩔 수 없이 필요하기에 윤리적인 실험을 하는 것이 필요하다. 윤리적인 설험을 위해 「동물보호법」 3R 원칙(Reduction, Refinement, Replacement)에 따라야 할 필요성이 있다.

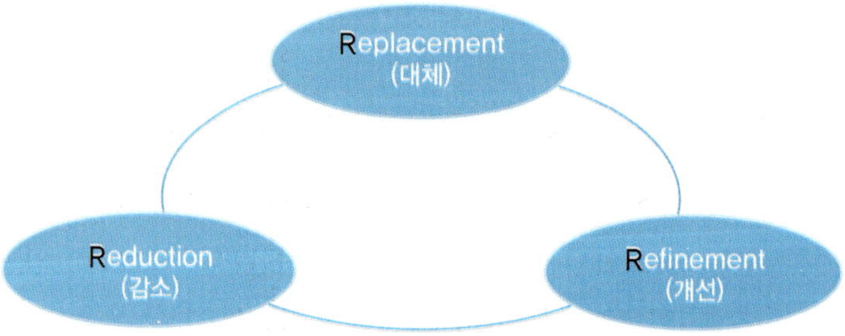


그림 3-3 「동물보호법」 3R 원칙

출처: 조선대학교 대학연구 윤리원.

첫 번째로 Reduction인 출처가 분명한 최소의 동물을 선택해야 한다. 관련 문헌에 따른 합리적인 실험군을 선택하고, 중복 및 불필요한 동물실험 예방을 위해 polite study를 통한 정확한 동물의 선택이 필요하다.

지금까지도 출처가 불분명한 동물을 실험에 활용하는 경우가 빈번하다. 지난 4월, 서울대학교병원은 출처가 불분명한 실험묘를 1년간 방치하다 마취제 없이 고통사시켰다는 내부 연구자의 폭로가 나와 논란의 중심에 섰다. 서울대학교병원 이비인후과 A교수는 2015년 8월부터 3년간 실험묘를 대상으로 왼쪽 귀 뒤편에 약물을 주입해 기능을 잃게 한 후 인공 달팽이관을 이식해 청각 대뇌피질 변화를 확인하는 연구를 시작했다. 하지만 그 실험에 활용된 고양이 6마리는 합리적으로 선택된 실험묘도, polite study를 통해 선택된 실험묘도 아닌 고양이 장수로부터 구매했다는 증언과 함께 상품가치가 떨어지는 유기묘를 실험군으로 활용했다는 비난을 받았다(프레시안, 2020.11.19.). 따라서 실험을 할 시 관련 문헌에 따라 실험군을 최소한으로 설정하고, 관리를 철저히 하여 불필요한 소실을 방지해야 할 필요성이 있다.

두 번째로 Refinement인 필연적으로 동물실험이 필요할 시에는 동물의 고통을 최소화시킬 수 있도록 노력해야 한다. 방법으로는 고통을 경감시킬 수 있는 약물이나 기술을 사용하는 것인데, 통증을 완화시켜 주는 약물이나, 동물의 생명을 멈추어야 하는 경우가 생길 시 인도적 종료시점의 명확한 포인트를 파악하여 동물들의 스트레스를 줄여 주어야 한다.

세 번째로 실험동물의 대체법(Replacement)을 마련해야 한다. 생체 실험동물의 사용 수를 줄이려는 방법 중 유기동물 사체를 이용한 실험을 하는 방법이 있다. 시신을 훼손한다는 이유로 비윤리적이니 무조건적으로 하지 말아야 한다고 말하는 의견들도 있으나 생각을 전환하여 긍정적인 시각으로 바라보아야 할 필요성이 있다고 생각한다.

수의대 해부학 실습에서는 주로 개를 기본 동물로 하여 전신에 분포된 신경과 혈관, 장기 등을 직접 살펴보고 그 기능을 배운다. 하지만 기증되는 실제 개의 사체가 부족하기에 많은 어려움을 겪고 있고, 식용 개농장이나 번식장에서 살아 있는 개를 사는 일도 일어나고 있다. 현재 한국에는 전국적으로 13만 마리 이상의 유기 동물들이 발생하고 그중 50프로 정도는 자연사 혹은 안락사로 죽음을 맞이한다. 그 이후 사체는 소각된다고 한다. 만약 이렇게 아무런 의미 없이 소각되는 수만 마리의 사체들이 매년 1만 4000마리 이상의 실험에 사용되는 개와 고양이들의 생명을 대신하고 살린다면 유기견 사체를 이용한 실험은 가치 있는 실험이 되지 않을지 고민해 보아야 할 필요성이 있다(네이버 동물도감, 2020.12.04.)

동물실험을 반대하는 입장만큼 찬성하는 입장도 상당하며 찬성하는 근거 역시 납득이 가능하다. 즉, 동물실험은 불가피하기에 완전히 사라질 수는 없다. 하지만 분명 다양한 문제가 발생하는 것 역시 사실이다. 그렇기에 앞서 말했듯 윤리적인 제도적 장치가 필요하며 그에 따른 윤리적인 실험이 적극적으로 시행되어야 한다.

우선 실험동물에 대한 마음가짐을 올바르게 가져야 한다. 실험동물은 더 소중한 생명인 인간의 생명을 위해 마땅히 희생되어야 할 존재가 아닌 인류의 발전을 위하여 희생하는 살아 있는 시약이라는 마음가짐이 가장 중요하다고 생각한다. 아무리 작은 생쥐 한 마리일지라도 그들은 인간의 생명을 구해 주는 소중한 생명이기에 동물실험의 계획 단계에서부터 동물의 복지와 관련한 윤리적 측면을 고려해야 한다. 또한 실험동물 자체의 문제 외의 동물실험으로 인해 발생해 인간에게 영향을 미치는 문제점들을 최소화하기 위하여 유전적, 질병 측면에서 완전한 동물을 선별하여 사용해야 할 필요성이 있다.

동물실험으로 인해 발생하는 문제점을 잘 인지하고, 동물들의 희생을 소중히 여기며, 앞서 말했던 「동물보호법」 3R을 잘 지켜 무분별하게 사용되는 실험동물들을 줄여 나간다면 실험동물로서 쓰이는 동물들의 죽음이 의미 있는 죽음이 되지 않을까라고 생각한다.

# [참고문헌]


〈논문〉

-이평우(1997). 실험동물 관리자 및 취급자의 한타바이러스 감염의 위험성. **한국실험동물학회 학술발표대회 논문집, 1997,** 12-20.

〈학술자료〉

-실험동물연구센터_이용방법-기초교육자료

-동물 보호법

https://www.law.go.kr/%EB%B2%95%EB%A0%B9/%EB%8F%99%EB%AC%BC%EB%B3%B4%ED%98%B8%EB%B2%95

〈인터넷 기사〉

-동아일보(2019. 06. 26.). “실험동물 70% 이상이 고통 · 스트레스 · 억압 시달려”.

http://www.donga.com/news/article/all/20190626/96189803/1

-healthlog(2020. 12. 14.). “한번 주사로 4주 지속되는 항암광치료제...동물실험 성공”.

http://www.koreahealthlog.com/news/articleView.html?idxno=30102

〈인터넷 자료〉

-네이버 포스트 ‘동그람이’(2020.12.04.). ‘죽음이 헛되지 않게..’ 유기동물 사체 이용한 동물실험, 어떻게 생각하시나요.

https://post.naver.com/viewer/postView.nhn?volumeNo=30142631&memberNo=38419283&vType=VERTICAL

-네이버 포스트 ‘데일리벳’(2020. 06. 18.). “드디어 멈춘 실험동물 수 증가, 그러나 극심한 고통 주는 실험 가장 많았다”.

https://m.post.naver.com/viewer/postView.nhn?volumeNo=28566353&memberNo=11479172

-한국동물보호연합(2008. 03. 20.). 불필요하고 잘못되어진 동물실험의 사례들.

https://www.kaap.or.kr/s2.html?mode=read&idx=21039

# 찾아보기

## 저/자/소/개


### ■ 최려원

부산대학교 국어국문학 전공 학사
부산대학교 상담심리학 전공 석사
창원대학교 대학원 상담심리, 교육심리, 특수교육학 전공 박사
현, 대동대학교 겸임교수

### ■ 김은철

동아대학교 철학 전공 학사
동아대학교 철학 전공 석사
뷔르츠부르크(Würzburg)대학교 철학 전공 박사 수료
현, 부경대학교 겸임교수

개정판
**비판적 사고와 논리**

1판 1쇄 발행 — 2021년 9월 6일
2판 1쇄 발행 — 2025년 8월 30일

저 자 - 최려원 김은철
발 행 인 - 강철원
발 행 처 - 양성원
주 소 - 경기도 파주시 검산로 173번길 29-12
전 화 - 031-946-3861(代)
팩 스 - 031-946-3864
이 메 일 - tnwpub@naver.com
홈페이지 - tnwpub.co.kr
출판등록 - 2015년 8월 31일 제 2015-000211 호

ISBN 979-11-6126-654-1

정가 21,000원

※ 저자와 협의하여 인지는 생략합니다.
※ 저작권법 제136조(벌칙)에 따라 위반자는 5년 이하의 징역 또는

5천만 원 이하의 벌금에 처하거나 이를 병과할 수 있습니다.